為生命中的破碎而感恩

全然擺上的五餅二魚

成為馨香的活祭！

並將一切的榮耀歸予

聖父、聖子、聖靈！阿們！

生命更新的醫治

與耶穌共渡生命中的憂怒哀樂

二版

葛琳卡著

整全心靈醫治系列

基道出版社

▼

整全心靈醫治系列

生命更新的醫治

與耶穌共渡生命中的憂怒哀樂

作者

葛琳卡 Katherine Kot

責任編輯

李慧儀、陸志豪

裝幀設計

奇文雲海 · 設計顧問

■

出版 / 發行

基道出版社

香港沙田火炭坳背灣街 26 號富騰工業中心 10 樓 1011 室

LOGOS PUBLISHERS

Unit 1011, 10/F, Fo Tan Ind. Centre, 26 Au Pui Wan St., Shatin, Hong Kong

電話：(852) 2687-0331 傳真：(852) 2687-0281

網址：https://www.logos.com.hk

承印

雅聯印刷有限公司

●

7/2008 初版 3/2011 二版

Cat. No. LP756-2B

ISBN: 978-962-457-344-2

Printed in Hong Kong

刷次	11	10	9	8	7	6	5	4	3	
年份	2034	2033	2032	2031	2030	2029	2028	2027	2026	2025

自序

整全心靈醫治系列與拉法基金的異象緊緊相扣。當我寫《情緒四重奏》的時候，就想寫一本輕鬆的書，讓不喜歡看書的讀者可以有一個認識自己的渠道，於是構想一些輕鬆的練習：透過畫圖、反省的思想、音樂或勞作，幫助他們尋找內在的自己。

當我問神該怎樣使用《情緒四重奏》的版權費時，神就賜給我一個理念：為情緒困擾者設立一個基金，並且與教會合作，使他們可以得到專業的治療。因此，我開始了拉法基金的事工。隨後我又想到如果很多人申請，而基金未有足夠的資源，要這羣困擾者排一個長隊等候也是不好，於是計劃舉辦一些情緒、靈命及心靈醫治的課程給他們，以致他們可以一邊等，一邊上課，舒緩他們的心靈的困擾。後來，決定不如公開這些課程，讓有興趣的人也可以一起上課，一同成長！整全心靈醫治系列的課程，就這樣展開了。

這個課程共分三個階段：第一階段的材料基於《情緒四重奏——同行生命中的憂怒哀樂》；第二階段是基於《曠野之旅——生命中的情緒更新》；第三階段是基於這本書。因此，當我開始寫這本書的時候，仍然希望保持原本的習作簿構思，但是為了配合課程的需要，以及想盡量包含生命更新的不同層面和不同階段，讓讀者能對自己的生命有一個完整的反思，所以，本書的內容比當初設想的更為深入，篇幅也更多，做起來可能不如當初所想的那樣輕鬆。

這本書裏面設計的問題，是我經常在治療中用到的，如果你沒有經歷過成長小組、輔導或心理治療，或沒有輔導員或心理治療師的陪同，獨自去面對這些問題，可能會有點困難。所以，不要太勉強自己去完成所有問題或習作。這是一本陪著你生命成長的書，可以隨著你內心能力和成熟度的增加，慢慢去做。隔一段時間後，你可以重新再做。一方面，你可以看見自己之前所寫的，你可能會為自己曾所想所寫的而驚訝；另一方面，你可能會發現自己已經有了一些改變！這也有點像一本自助成長的DIY手冊，如果你喜歡助人自助，你可能也會頗喜歡這本書！

但是，如果想有更好的效果，誠意邀請你參加拉法基金所舉辦的整全心靈醫治系列課程，這些課程可以讓你與其他同路人一起看書、上堂及小組討論，你可以致電給拉法基金(852)2600-4288或上網www.raphahk.org查詢下一次開課時間或其他詳細資料。如果你未能抽空參加課程，你也可以購買DVD於家中觀看。如果你是一個基督徒，卻常常感到乏力，未能活出聖經所描述的平安與喜樂，活出豐盛的生命，並且覺得自己不夠屬靈，即使督促自己熟讀聖經、持續禱告及操練退修，卻仍然感到屬靈生命有停滯不前，難以經歷神的愛和能力，難以聆聽神的聲音及與祂建立親密關係的話，這可能是你未能掌握或常常漠視自己的情緒，以致自己也難以明白自己和他人的情緒；人未能誠實面對自己的情緒、面對真正的自己，那就難以明白那位觸摸不到的神。大德蘭（Teresa of Avila）指出，「認識自己」是成熟、能夠辨別神聲音的人的必要條件，只有踏上自我認識的歷程，人才能開始洞悉神對我們生命的意向！[1]

如果你希望更認識自己、認識人及認識神，你需要開始正視自己內在的情緒，去梳理自己的非理性、無意識言行，嘗試去明白自己言行背後的原因，去正視自己未能完全乎合聖經真理和教導的思想及行為，其背後的原因及動機，開放自己的防衛機制，讓聖靈在你心中指引你。如果你仍感到迷惘，不知如何去接觸自己內在的感受，這本書幫助你整合你的生命，從認識自己情緒的過程，發掘了真正的自己後及從聖經的真理和與神的關係的反省中，更認識神、人及自己的歷程。因此這本書承接讀者完成《情緒四重奏》及《曠野之旅》之後進行的生命更新的醫治。目的是幫助你更深入接觸自己的內心世界，也讓耶穌與你一起去共渡生命的憂怒哀樂。

這本書主要以體驗的方式為進路，不會詳細解釋情緒的成因、種類和處理方法。如何經歷內心情緒、分辨核心的情緒（適應原始性情緒）、透過情緒去接觸自己的內心世界、處理痛苦的情緒及體驗耶穌在痛苦經歷之中的同在，這些都會在《情緒四重奏》中有詳細解釋。因此，先讀完《情緒四重奏》才開始這本書的習作，效果會較理想。這本書也不會詳細解釋如何去更認識神、建立對神的信心、了解自己對神的質疑、如何等候神、聆聽祂的聲音、奉獻自己、委身於神、倚靠聖靈的大能及活出聖靈的果子。這些都會在《曠野之旅》有詳細的解釋，因此，先完成《曠野之旅》，對於完成本書的習作，效果會較理想。

這本書共分四部分生命更新的反思：

- 第一部分針對認識我是誰，包括我的形像、情緒、性格、身體、身分、性別、愛的語言、心及夢。這部分主要針對現在的我，需要被神的真理潔淨，經歷耶穌的醫治，以致我們可以寬恕和釋放那些傷害我們的人，宣告自己是被神揀選和救贖的，為神創造的自己而感恩。最後將自己獻在祭壇上，將生命歸給創造自己的主！
- 第二部分是回顧自己的前半生，與耶穌共同經歷母腹中的我、嬰孩的我、幼兒的我、孩童的我、少年的我、青年的我及成年的我。這一部分主要針對過去的傷害，我們需要去面對自己的破碎，以致可以被醫治，並且讓真理在糾纏不清的關係中照明，切斷一些不合神心意的連繫，被神分別為聖。
- 第三部分是重新回顧我的屬靈生命的軌迹，檢視自己過往的靈界經歷，自己與教會的關係，以及與聖父、聖子和聖靈的關係。這一部分主要回顧自己與神的關係，從而去浮現任何成為我與神關係的阻隔，無論是外在或內在的，都要面對，以致可以成為聖潔。
- 第四部分是展望將來的我如何活出真正的我，這一部分主要針對處理因過去未能化解的包袱而導致內心未能突破的恐懼，以致餘下的生命可以活出在基督裏的豐盛與自由。

這本書適合你在個人成長、心理輔導或靈命成長的歷程中使用。可以與你的治療師、輔導員、成長小組屬靈導師或牧者／組長分享或討論。其中有些練習或問題，可能較為困難，有人引導會比較容易理解。小組一起使用，也會很有幫助，透過組員彼此的分享，會豐富對整個過程的體驗理解，也可以更深明白自己和別人。這本書也可以幫助導師、牧者、輔導員或治療師，對於講授心理、家庭或個人成長的課題，這本書可以提供好的輔助。

我也在此感謝吳雅婷姊妹在習作的應用上給我寶貴的意見，也多謝何善斌牧師給我神學上的分享！

葛琳卡

二〇〇七年秋

於香港心悅坊心理中心

再版序

我懷著感恩的心情來寫這篇再版序，因為我實在看見自己的貧乏與狹窄，而這本書所帶來的回響，能幫助我更深反思關於心靈醫治的課題。我很感謝蕭壽華牧師、楊慶球博士、陳耀棠牧師，以及多位牧者及神學院老師，他們給我很多寶貴的意見，讓我可以從多個角度來思考這課題。我也感謝多位參與由拉法基金會所舉辦的整合心靈醫治年會的講員，他們拓闊了我的視界，幫助我重新整合關於心靈醫治的概念。因此，在《生命更新的醫治》的再版中，我對部分關於心靈醫治的概念，作了較多的修改、調整及更新。本書可能仍有不足的地方，仍需要各位給予寶貴的意見。我盼望我們能夠一起更多認識聖經對心靈醫治的教導。本書其他修改之處包括：在不同的章節中加入了一些新的畫圖及問題，並且加入「屋、樹、人」的附錄註釋；在附錄十中加入了關於「我的性格」的圖畫；最後增加了附錄十一整合樣本，提供如何將整章答案及圖畫結合在數頁紙中，讓自己容易掌握全章的重點。這是組長給我的意見，也感謝她願意分享她的「我的性格」整合的樣本，幫助讀者容易理解如何去整合每一章的答案。

在此我非常感謝陳耀棠牧師對整本書的內容給我寶貴的意見，也多謝劉慧敏及呂為基組長願意分享她們的習作！

葛琳卡

二〇一一年春

於香港心悅坊心理中心

目錄

寫在前面

親愛的：

我好想告訴你：我有多愛你，我的死不只為了把你從罪中救贖出來，我更加希望，你能夠有一個豐盛的生命。這個豐盛的生命，是因著你活在我的愛中，我的話也常在你裏面，正如父愛我一樣，你們也常在我的愛裏。

有好多個早晨，我期待著我們相聚的時間，不只為了聆聽你心中渴求、你的喜與憂，並且因為你是我的朋友，我也希望與你分享我從天父那裏所聽到的一切。然而，你卻記掛著匆匆忙忙去做你每天的事，雖然間中你會請我幫助，但是很快你又忘記了我。這令我傷心，但是我仍然在等待與你傾談的一刻，因為我愛你。

你終於忙完了一整天，我仍然期待你安靜下來，讓我去舒緩你緊張的情緒、糾正你負面的思想，讓你能夠安息在我的懷中。但你卻選擇以看電視、上網、吃東西、購物等方法，去舒緩你的情緒。我仍然默默地守候在你身邊，當你入睡的前一刻，你終於想起了我，但很快，你便在禱告中睡著了。我就如母親看顧孩子一樣，整個晚上陪伴你身旁，賜你平安！然而，這並不是我希望你可以得到的豐盛的生命——我未能真正接觸你的心靈深處，你未能與我分享你的痛苦和掙扎。每次你總是用自己的方法去逃避你的痛苦，而我卻滿心失望站在旁邊。你沒有邀請我成為你的幫助，我看著你痛苦，我的心也與你一起流淚。有時，我將淚化為雨水，希望你知道我也與你一起悲傷，你並不孤單；也希望你邀請我去安慰和醫治你的心靈創傷。你的所有痛苦，我也曾經歷過，我可以完全明白和了解。你願意相信我這位深愛你的朋友嗎？讓我與你一同去經歷你生命中的憂怒哀樂，豐盛的生命就是由此開始！

你願意接受這個邀請嗎？我等候你的回應！

你的朋友
耶穌

真正的生命

能夠面對有血有肉的真我，
也接納自己不好的一面，
生命才真正開始，
這也是與神建立真正關係的一刻！
你願意邀請耶穌與你一起去檢視內在真正的你？
去重整你的過去？
去檢視你與祂的關係？
去展望你將來的生命？

這一刻的相遇實在叫人心動，
那份美麗，不是因為自己已經完美，
而是出於活生生的生命展現，
浮現出真實的完美。
真實蘊含著力量，
能夠觸動自己和別人的心弦，
那份震撼和充實，使人感到真正的活著——
這才是真正的生命！

你是否也願意去經歷真正活著的滋味？誠意邀請你加入生命更新的行列，與耶穌一起去重溫你的過去、現在和將來的生命。

更新的生命

當你願意真實地面對自己時，你可能會有以下的發現：

- 自己容易感到缺乏安全感，喜歡讓自己忙於工作，又或追求擁有些外在的物質或人來作自己內心的依靠，使自己的生活填得滿滿的；但卻又活在一種肢離破碎的狀態中，缺乏一個統一的方向和意義，只是藉著忙碌的活動來麻醉自己。
- 回望過去的經歷，總是自己一個人渡過，找不到可倚靠的對象，缺乏被愛的感覺，也不知如何與人建立愛的關係。
- 在與人的關係中不容易信任人，保持一段距離，常封閉自己的心靈；不想接受別人的愛，也不想對別人付出愛，恐怕再被傷害。
- 為了保持一段良好的關係，不能真正開放自己，認為不宜將自己醜陋的部分展示給別人知道。總要有點保留，也因此與人築起一道無形的牆，無法建立深入的人際關係。
- 回想過去的生命裏，發現有許多空白和模糊不清的記憶，無法整理出一個整體的回憶。
- 不願意重提或回想以往一些受驚嚇的經驗，怕會觸及那刻的驚恐感覺，又懼怕再經歷那些惡夢。

- 容易徘徊在過去自己所犯的錯和經歷的失敗挫折，因而常常自責、自怨、自恨或自罰。
- 對自己過往許多不好的回憶，感到麻木，沒有甚麼特別的感覺。
- 容易感到被人傷害和受到不公平的對待，常常被這憤怒的情緒充滿，感到困擾而又無力去寬恕那些傷害自己的人。
- 不接納自己過往的成長背景，令自己感到自卑或比下去，因而對人容易有偏見，也不敢太開放讓人知道自己的背景，不能坦然開放自己。
- 容易在意別人的評語和反應：別人的讚美，會令自己有飄飄然的感覺；別人的批評，也令自己感到氣餒。自己的情緒容易被別人對自己的看法而牽動。
- 情緒經常性地起伏不定，不受控制；容易情緒低落，變化莫測。
- 容易陷入憂慮或緊張的情緒中，對將來感到恐懼和患得患失。
- 喜歡生活有規有矩，較為死板，不易變通，不容易適應新的改變，容易對人產生不滿，不能迎合自己的生活要求，較難與人建立親密關係。

那你的生命需要被主耶穌更新，你需要與祂一起面對你過往的困苦經歷：

- 讓你更經歷耶穌的同在如何醫治過往痛苦的經歷，以致你可以讓自己安靜地從祂身上支取力量，來面對自己真正的感受，並消除你內心的恐懼，使你可以尋回自己。
- 讓你更深體會耶穌的愛，從過去到現在，直到將來，不離不棄，永永遠遠與你同在。使你找到心靈的依靠，不再孤獨、不再流浪，回到神的家中，學習以祂的愛去愛身邊的人。
- 讓你經歷耶穌的醫治的大能，以致你不再怕受傷害，可以自由地去愛和接受被愛，讓耶穌的愛滋潤你乾渴的心靈。
- 讓你經歷耶穌對你的接納和肯定，來建立你的自信和自尊，使你可以接納自己的醜陋，坦然地對別人開放自己。
- 讓你更深相信耶穌，讓祂光照你生命黑暗的部分；以祂的生命代替我們的生命，驅逐生命中的陰暗，使模糊不清的記憶顯出真相。
- 讓你更深體會耶穌的能力會成為你的保護，給你所需要的平安，無論遇到任何驚駭，可以隨時呼求耶穌的幫助。
- 讓你更體會耶穌的接納和寬恕，使你寬恕自己，不再自責自恨，學習接納自己、接納別人。

- 讓你更被耶穌的生命充滿你的生命，使祂的活水滋潤你僵化的生命，使你再次充滿活力。
- 讓你更明白耶穌對你無條件的犧牲大愛，以致你也可以寬恕別人對你的傷害，不再糾纏於憤怒或傷痛的情緒中。
- 讓你更清楚明白耶穌已經給你一個新的生命——成為神的兒女。過往的一切已經不再重要，你已經擁有新生命裏一切屬靈的福氣，找到自己真正的價值及意義。
- 讓你更體會耶穌對你的信任和接納，使你能相信自己，不再以別人的肯定來作為你的追求目標。更遵守耶穌的命令，常住在祂裏面。
- 讓你更明白情緒是耶穌的創造物之一，祂是情緒的主人，學習依靠祂的能力去面對困擾的情緒，衝破對情緒的恐懼。
- 讓你更明白耶穌是道路、真理、生命，在祂裏面你找到了生命的確據。你只要行在祂的真理中，完全相信依靠祂，必能活出豐盛的生命。
- 讓你明白耶穌是你安全感的依靠，你不再需要依靠規條和熟悉的環境，祂的救恩打破了許多不必要的束縛，使你心靈重得自由。

這些經歷不只醫治你受傷難受的苦痛，並且讓你更深經歷主耶穌長闊高深的愛和祂復活的大能，與祂一起去重寫你生命的歷史。當中的一點一滴：每一刻的經歷、每一個的回憶、每一句的說話、每一個的微笑、每一個愛的眼神及每一次愛的擁抱，都穿插著過去歷史的痕迹。對過去的歷史有新的領悟和理解，能啟發你為自己的生命找到新的意義，新的生命故事由此誕生。正如耶穌所應許的：「我來了，是要叫羊（或譯：人）得生命，並且得的更豐盛。」（約十10）

生命更新的醫治

1. 心靈醫治之我見

心靈醫治是一個具爭議性的題目，其實無意去進入這個漩渦，然而這是一本幫助讀者經歷耶穌醫治心靈創傷的習作簿，因此，不能不交代我對心靈醫治的概念！

神的心意是讓祂每一個兒女都有健康的身心靈：「我願你凡事興盛，身體健壯，正如你的靈魂興盛一樣。」（約叄2）然而，人的罪卻使人與神、人及自己隔絕，當人不能面對自己的罪，心理的防衛機制開始浮現，便開始偏離真理，活在自己和別人的謊言中，與神隔絕。心靈的痛苦也是由此而起。

因此，罪與心靈醫治是息息相關的。藉著信主，我們的罪雖然能得著赦免，但是如果我們仍舊不願意檢視自己隱藏的罪、不願意悔改，結果是難以經歷神的醫治，同時亦不願意寬恕別人對自己的傷害，或過度罪疚、不願意寬恕自己。這一切會構成心中苦毒的情緒，也難以經歷神的醫治和釋放。

心靈醫治也是生命成聖的一個經歷，醫治與成聖兩者不可分割。[1]就算過去的罪因基督的寶血而被赦免，若如今我仍然以舊的生活模式運作，我仍然在犯罪，仍然被困在罪的律中（羅七25）。在基督裏的新生命必須順從聖靈的律，聖靈是幫助我們生命成聖的，藉著祂的指引和帶領，我們不再依靠自己的方法去控制和操縱。那便能讓基督成為生命之主，遵守祂的命令，行在真理中。當人離棄黑暗，行在光明中，就自然經歷心靈的醫治！因此：醫治不是一刻的需要，而是一生的需要，每一次的改變和醫治，都使我們更加親近神、更加感受神的愛、更加認識神、更加依靠神、更加經歷聖靈的能力、更能活出豐盛的生命！

因此，心靈醫治是一個人承認自己的罪，接受耶穌的救贖和順服聖靈的帶領，遵守聖經的教訓，成為聖潔的自然結果！然而，為甚麼很多基督徒仍然有情緒困擾？問題在於生命成聖的歷程裏，人的防衛機制使人不認識真正的自己，仍然活在自己的虛假中，因此，阻擋了聖靈在我們生命中使我們成聖的工作，生命仍然以自己為中心，未能信任和順服聖靈的帶領。

因此，「成為一個聖人意思就是成為自己」，[2]貝內爾（David Benner）承接了梅頓（Thomas Merton）的意思：「成聖就是去尋找在基督裏隱藏的和真實的我，並活出因這自我降服於天父的同在及因愛的旨意而湧流出來的生命。」[3]所以，我們心靈被醫治的程度是在乎於我們內在的生命是否能夠完全敞開給神！以致聖靈可以無阻地向我們說話，我們是否也願意去面對自己不接納自己的部分，讓耶穌進入成為自己不接納部分的主人，不再靠自己的能力改變，而是靠著主的能力被改變？

2. 心靈醫治的歷程

心靈醫治這個名詞往往給人一種神祕的感覺。在落後的部落裏，看見醫生能以針藥把人治好，會覺得是一件很深不可測的奧祕事件；然而，對於那個受過醫學訓練的醫生來說，明白身體的構造，懂得用一些合適的藥物去醫治身體病痛，並不是甚麼大不了的事！這是神給人類醫學上的智慧，使人明白神的奇妙創造的一小部分。然而，當人類面臨醫學知識的極限時，仍然需要去尋求神的醫治。

同一個道理，神也賜下心理學的智慧給人類，幫助我們明白心理的結構，以致能夠掌握心靈醫治的歷程，了解、明白並且能夠診斷問題的核心所在。然而，醫治痛苦的能力，仍然是從神而來的。這本書基於心理學的理論，透過習作去接觸未被意識或未能完全意識得到的內心世界：通過反省去凸顯一些既存問題的癥狀，藉著情緒的反應，聯想過往的類似情景，幫助讀者去聯繫和了解過去的經歷，如何影響自己形成今天的限制和面對的問題。

《情緒四重奏》中已詳細解釋儲存情緒的方式，過往的經歷不止會儲存在情緒記憶路線裏，這情緒會經常被勾起，並且帶動思想，漸漸形成信念和自我意識（參《情緒四重奏》第四章）。因此，要改變一個人的信念和自我意識，不能單靠理性分析，更要去處理及醫治那個經歷構成的感受，一旦感受被轉化，思想、信念及自我意識亦會漸漸改變。

因此，心靈醫治是可以透過有系統的檢視去進行的：檢視自己不同的部分、不同層面的自己；檢視自己過去的歷史背景、成長經歷；過往與神、教會及靈界的經歷；以及如何面對將來的自己。這些的檢視與反省，會幫助你去意會一些潛在的問題，並且幫助你在基督裏找到出路！這就有如我們每年去做一次全身檢查，詳細檢驗身體的不同部分的狀態，並且需要每隔一段時候就再做一次。同樣道理，這套心理檢查方式，也適合隔一段時間再做，每一次做的時候，可能有新的發現。畢竟，人的生命不斷地成長，這本書的習作是一套具體的工具，幫助你發掘自己和經歷耶穌的醫治。亦因如此，這書名為《生命更新的醫治》，因為我們往往以為醫治是一次完成的，而事實上，我們罪性的本質卻需要神不斷醫治我們的軟弱，我們的生命需要不斷被更新醫治！

3. 心靈醫治與身體醫治

身體與心靈醫治是緊密相連的，不同的心理研究顯示，心理壓力對身體的健康有很大的影響，因為人的身心是一個由互相關聯的部位組成的整體。生理的變化會影響心理狀態，心理壓力也會改變生理的狀況。有些研究者相信，慢性壓力會造成免疫反應失效，而不能再防止突變異種細胞的繁殖，甚至可能導致癌症腫瘤。[4]

壓力是未被區別而又對我們身體構成影響的情緒的總稱。[5]當內在情緒持續不被意識，過度採用防衛機制不去面對負面情緒，便容易導致心因性症狀（psychosomatic symptom），形成身體的不適，例如：頭痛、腸胃炎、背痛、肚瀉等。因此，心靈醫治可能會減低身體的不適，增加身體的抵抗力和復元的能力，防止某些疾病的惡化。「身體和靈魂之間是有密切關係的……只要人的內心藏有一點罪惡，便足以使人的腦袋與神經蒙上陰影，令壓力重壓人的全身。一個平靜的心靈會叫我們全身得著氣力，並叫主的生命的血脈流通在我們身上。」[6]

所以，在路加福音五章17至26節中，耶穌對癱子的醫治，與癱子的罪被赦免，是有相互的關連的。而在眾多的罪裏，我們最不敏銳的，是心中的苦毒和怨恨。當我們心靈的傷痛被耶穌醫治後，化解了心中的苦澀，因而願意去寬恕傷害我們的人，也因此從苦毒和怨恨的鎖鍊下釋放出來，生命便能蒙受神的祝福。我們內在的生命會變得暢通無阻，聖靈可以自由地作工，也使我們生命更能成為流通的管子，身體每一個部分都被神的愛完全充滿，身體的抵抗力和血脈的流通也自然會增強。

4. 誰需要生命更新的醫治？

有很多人以為，只是心理受創傷的人才需要經歷心靈醫治，自己的家庭背景頗正常，童年也很平淡，沒有特別的問題，所以心靈不需要被醫治。這也是一般對心理治療或輔導的誤解，以為只是心理有問題的人才會適用。其實，過往的經歷全都會影響今天的我，透過心理治療或輔導可以幫助我們更加明白自己為何有此性格，意識自己的「盲點」或防衛機制，加深對自己的了解和接納。所以，《生命更新的醫治》是適合於每一個人使用的。透過這本書的習作，讀者可以更認識發掘內在的自己，也可以揭示及觸及自己不意識的部分，將它意識化，並能同時讓耶穌與你一起面對一些傷痛和難受的回憶，去經歷耶穌同在的安慰和醫治。

5. 何謂生命更新的醫治？

既然神可以藉著醫生的手去醫治我們的身體，同樣，對於心理創傷，神也藉著心理學的知識，讓我們明白心理防衛機制、情緒的運作、潛意識等等，去幫助我們更明白自己的情緒及內心反應！然而，醫治心靈痛苦的源頭仍然從神的愛開始，因著神的愛，人也可以彼此相愛，成為彼此的醫治。

生命更新的醫治是透過心理學的認知，及藉著神過往在人身上所施行的心靈醫治、靈命的更新及聖經的教導，從中整理出來的一套心靈醫治的理念。目的是更加明白神在心靈醫治的心意！也希望藉此使人更了解自己、更認識神、更能活出基督裏的新生命。這醫治也不是一刻的醫治，而是一生中，神不斷地醫治我們心靈的罪，而我們卻要努力選擇順服聖靈，遵行神的旨意，及將自己獻給神。

因此，可以透過以下三個階段的材料實踐生命更新的醫治：

(1)《情緒四重奏》：透過對情緒的認知，更加認識自己的防衛機制、逃避痛苦情緒的人際關係模式及自我信念，是如何被過去的經歷所製造而成。
(2)《曠野之旅》：透過四十天靈修材料正視自己與神的關係，更深體會自己對神的疑惑如何影響對神的信心，學習聆聽和順服聖靈的帶領，活出基督裏的新生命。
(3)《生命更新的醫治》：透過反省習作，開放自己的內心，與耶穌一起去經歷過去的痛苦，經歷祂醫治的大能。

三個階段的材料是漸進式的，因此，第三階段是基於前兩個階段的認知和改變，以致容易去面對第三階段的挑戰。

6. 現在生命的更新

香港人渴求快餐式的醫治，只希望解決癥狀，而不想去明白癥狀背後代表甚麼。也有人尋求催眠治療，因為不需要理解自己的問題癥結，而可以輕易地（甚至自己不用意識到）解決問題。這也是一般人尋求心靈醫治的心態，只求神醫治自己癥狀，而不是去改變自己。

生命更新的醫治不是解決癥狀。就如肩膊疼痛，看醫生只希望得到止痛藥鎮痛，有些人也是這樣看待心靈醫治，希望一次禱告，就可以消除痛楚，而不是去理解肩膊疼痛反映了身體出現甚麼問題、為何會痛。如果我只解決了今次的肩膊疼痛，卻不改變我原來的生活習慣，就算這一刻得到醫治，但我仍然會因持續的不正確姿勢或生活習慣，而導致繼續受傷！將來仍然會痛！

同樣道理，我們求神醫治過去的創傷，但我卻不改變我現在與人相處的模式，仍然以「弱的我」或「壞的我」的模式與人相處，我便會繼續累積更多新的傷痛或憤怒。因此，生命更新醫治不只是追求癥狀的消退，而是真正生命的改變，讓癥狀成為我們的動力，去檢視問題的根源。這也是我對醫治的理解，是神藉著病的癥狀使人的生命改變：先讓神首先改變我們現在生命的模式，以致不再犯同一個錯誤；同時也經歷耶穌醫治我過去的回憶中的傷痛，這才是真正的醫治——連繫著生命被真理所潔淨！

7. 生命更新醫治的歷程

基督耶穌十字架的救恩，不只擔當我們的罪，同時也擔當了我們的疾病和痛苦：「祂誠然擔當我們的憂患，背負我們的痛苦……因祂受的鞭傷，我們得醫治。」（賽五十三4上、5下）「耶穌的生命是供應健康與生命的源頭，就是為我們這得蒙救贖之人的身體提供健康和生命的源頭。基督的身體就是我們一切力量的活泉。這位從墳墓裏復活過來、帶著復活身體的主，成為了祂子民的元首，給我們的身體賜予不朽的生命和能力。」[7]

因此，我們的生命要連繫於基督，就需要徹底悔改認罪，向你曾傷害的人道歉，承認自己的過失。也要寬恕傷害我們的人，去除心中的苦毒和怨恨，同時也寬恕自己，不再埋怨神容許這傷害臨到我們身上。「我們必須時刻住在主裏面，以維持這生命與力量。醫治〔原作救贖〕不是永久的存款，乃是時刻的依靠，人內裏每天的更新。」[8]所以我們需要每天不斷去意識自己的罪，不斷再被基督的寶血潔淨我們，使我們繼續成為聖潔。需要每天不斷被潔淨，這可能使你感到厭煩；然而，我們的身體也要每天被潔淨，不然我們不敢將我們污穢的容貌展示人前。其實，跟身體的污穢相比，心靈的罪更需要得到每天的清洗潔淨，這是保持身體健康的基本條件，也是保持心靈健康的基要步驟。因為「凡不出於信心都是罪」（羅十四23），容讓一丁點污穢的罪存在，它便會生出毒根，沾污自己及身邊的人。（參來十二14~15）

饒恕與被饒恕是生命更新的醫治的基要概念，有些心理學者將饒恕分為：成熟的饒恕與不成熟的饒恕。[9]成熟的饒恕是能夠對人和自己的好與壞的層面，有一個整全且合乎現實的看法。這種看法讓我們能夠同時看到人的惡與人的善。如果用一個生活性的表達來説明，那就是：別人的行為傷害了我，燃起了我心中憎恨的感受，而我同時也知道，我有時也會對他人做一些類似的傷害行為。這個傷害我的人，不是邪惡，而是一個我可以共鳴、有優點、有盼望，但受傷掙扎的人。能夠接納人性的好與壞，而不將人二分化：好或壞是一個心理成熟的標誌。這顯示不需要用心理防衛機制去製造非黑即白的分化。因此，如果過去的創傷的負面影響太大，會導致你不能將人的罪惡與人的美好整合一起，以致分裂的防衛機制仍然把人不好的罪與他／她美好的一面分隔。

不成熟的饒恕，認為饒恕者是好的，被饒恕者是壞的。因此饒恕的行為只會加強饒恕者的高尚道德操守，更加看不起被饒恕的人。這表面的饒恕行為，其實並沒有消除對對方的敵意，仍然以優越者自居。因此，要真正達致成熟的饒恕，首先要更深經歷基督寬恕的愛，愈能夠對自己的罪有更深的認識，才愈能更深體驗到自己也是罪人，也是需要被寬恕和接納的，這樣也就更容易寬恕其他傷害自己的罪人——因為自己也與他們相差無幾，只是大家所犯的，是不同類型的罪而已！

因此，不能正視自己的醜惡面的人，會有較多的防衛機制，不能接受自己黑暗的一面。也因而容易將自己對自己的不接納的部分，投射於別人身上，認為別人的罪較嚴重，而自己則是比別人好——正如聖經中的法利賽人，只看到別人的罪而不察覺自己的罪的人——也難以寬恕別人對自己的傷害！[10]

同樣道理，就是饒恕自己，我們也需要整合自己好的一面和壞的一面，才能饒恕自己。有些人認為饒恕別人較容易，這可能是因為他們把對別人的憤怒轉移向自己，所以根本沒有怪責對方，這樣便不會感到難以饒恕別人了。但是，這樣的人卻會有難以饒恕自己的情況。相反，若認為饒恕自己是比較容易的話，可能是因為把所有憤怒轉移到對方身上，從不感到自己有責任，所以，饒恕自己便變得毫不困難了。因此，無論饒恕自己或別人，都需要清楚知道各人應負的責任是多少，並且能夠將憤怒受傷的情緒投向合適的人，需要有心理的成熟度和某程度的自省能力。不然，便很難實踐。此外，除了把別人的憤怒轉移向自己外，也有一類人（弱的我）是較難接納自己有憤怒情緒的，所以，未能感受因別人造成的傷害而憤怒，還對別人的傷害行為和言語不以為意，以為已經從理性層面上處理了，或原諒了對方，其實只是自己的情感上未能面對這傷害。

因此，被饒恕也是一個重要的經歷。透過耶穌的愛，接納自己醜惡的一面，整合自己的好與壞，沒有條件地、完完全全地被接納，以致我們可以去接納別人醜惡的一面，整合人性的好與壞，也學習去接納和饒恕別人。也有一些人是較難感受耶穌的愛和接納的，因為他們認為自己太醜惡，不能接納自己也有好的、值得被愛的一面，因此需要時間去經歷別人的接納，方能接納神的愛，然後才能接納自己！另一類的人（壞的我）是認為自己較好，可以靠自己的努力改進自己，所以不是太需要耶穌的幫助，也是因為未能完全接納自己醜惡的一面，也因而未能接納別人醜惡的一面，同樣這些人也需要時間，去經歷自己醜惡的一面，方能接納自己！

當生命被基督寶血潔淨後的生命，除了饒恕別人、自己及神之外（可參《曠野之旅》二版頁18~21）也需要去經歷以下四個重要歷程，在每一部分的結尾，將這部分中每一個環節的練習去完成以下四個歷程的總結：

(1) 心靈釋放：「基督釋放了我們，叫我們得以自由。所以要站立得穩，不要再被奴僕的軛挾制。」（加五1）既然基督已經讓我們得到自由，因此我們需要從寬恕中經歷心靈綑綁的釋放，釋放我們對人、神、自己的怨憤，也不再活在別人的綑綁中，不再記恨，去除心中苦毒。在心理上，難於釋放別人對自己的傷害，可能由於被傷害者已經與傷害者建立了糾纏不清的關係，因此，被傷害者會經常回想被傷害的經歷，不斷舔自己的傷口，再次感到被對方傷害，令自己的情緒更加痛苦。在心理上，這也是一種關係上的連繫。雖然負面，卻也是一種關係，而且極不容易放下。因為放下這種關係，會令被傷害者感到被遺棄，失去了連繫，可能受的傷害更大，同時也不能再拿傷害的經歷作為自己的藉口，要為自己目前的行為和表現負責，不能再倚賴／容讓自己繼續成為受害者！

(2) 宣佈真理：「如今你們回轉，行我眼中看為正的事，各人向鄰舍宣告自由，並且在稱為我名下的殿中、在我面前立約。」（耶三十四15）當我們因被潔淨得到自由後，需要將自己分別為聖，宣佈自己在基督裏真正的身分：自己是被揀選、被接納的，是神的兒女、君尊的祭司、聖潔的子民。同時也宣佈釋放心中的苦毒和寬恕得罪我們的人。宣佈是分別為聖的行動，將真理成為自己信念的一部分，同時將不屬於真理的部分摒除，劃清界限，不再活在任何含糊、迷惑、或混濁的狀態中，持續高舉真理，進入真理、活在真理的表現，宣佈脱離一切的黑暗、謊言和疑惑！這是與神立約的過程：接受神給予的祝福，並遵守神一切的誡命，將自己完全歸向神。（參出十五25~26）

(3) 奉獻自己：「所以弟兄們，我以神的慈悲勸你們，將身體獻上，當作活祭，是聖潔的，是神所喜悅的；你們如此事奉乃是理所當然的。」（羅十二1）這是生命被醫治後的自然表現，面對神莫大的恩典，我們惟一的回應是將自己獻上，成為活祭，這是愛的回應，願意將自己完全獻給神，與神在愛中結合，這就是真正的歸家了！惟有將自己完全奉獻給神，才能夠緊密地將自己連於基督，住在祂裏面，支取祂的生命和力量，才能活出這基督裏的新生命！

(4) 凡事感恩：「應當一無掛慮，只要凡事藉著禱告、祈求、和感謝，將你們所要的告訴神。」（腓四6） 當我們能夠為我們所經歷的苦難而感恩時，就是能夠從苦難中被救贖出來，不再被苦難所勝，反而勝過苦難。並且為神賜給我們一切（無論好與壞）而每天懷著感恩的心，將一切的所需所求交託給主「神所賜出人意外的平安必在基督耶穌裏保守你們的心懷意念」（腓四7）。這就是心中常存喜樂，一無掛慮的祕訣！祝福傷害我們的人是感恩的其中一個自然表現。當人能夠為生命中好的經歷和受傷害的經歷，皆獻上感恩，看到神容許傷害的經歷造就我們的生命；那麼，那份感恩的心就會延伸開去，成為對傷害者的祝福，希望他們也能夠經歷你的福氣，也從傷害中被釋放出來，不再因過往的傷害而繼續成為別人的傷害者。

祝福是化解咒詛的一個重要步驟，面對別人的傷害和辱罵，如何能夠反為加以祝福呢？「不以惡還惡，以辱罵還辱罵，倒要祝福；因你們是為此蒙召，好叫你們承受福氣。」（彼前三9）其祕訣在於主的愛，愛使我們饒恕傷害我們的人，並且以基督愛的眼目去看這個傷害我們的人，發現他們其實是受害者，感受他們的無奈和恐懼，不能控制自己的言語及行為，因而對他們起憐憫的心，為他們禱告祝福他們。也因藉著祝福，結束了整個冤仇，化解了冤冤相報，制止了罪惡的延伸，在這個世界燃點了多一點的愛！

因此，我們要祝福那些傷害我們的人，好讓我們蒙受福氣。一個只能夠饒恕而不願意祝福那些傷害我們的人，也是未能進入完全的釋放，也是未能完全蒙福的，因為他自己仍然被困於過往的傷痛中，未能明白和完全經歷神的能力如何能勝過你生命中最痛苦的傷痛，當你經歷過神的得勝後，你就不再被過往那些痛苦的經歷所捆綁，更深體驗神的愛和大能，苦難可以成為生命的祝福。每一次的苦難和逼迫，只會讓你更加體會自己的軟弱和限制，學會更加的倚靠和經歷神。看來是詛咒，卻變成了祝福，讓基督的大能更加被彰顯出來。

這些不寬恕的情況，亦常在家庭或家族中出現。家庭或家族裏的罪惡和陋習，會對下一代形成深遠的影響，也會構成親人之間的怨恨。檢視家族的歷史能幫助我們，堵住這些破口和咒詛，並且得到神的祝福，終止傷痛，不再代代相傳！在第二部分的習作中，讀者有機會去檢視家族的問題和傷痛，可以將過去的咒詛化為祝福！

8. 醫治過往的創傷

我們不單需要不斷更新現在的生命，也需要醫治過往形成的心靈創傷。當我們認罪悔改，接受耶穌的救恩時，往往只作了籠統的認罪，很多時候並沒有去細心分析以往發生的每一個經歷：自己錯在哪裏？別人錯在哪裏？也沒有去正視自己的罪和別人的傷害，也造成自己未去察覺或思想寬恕的問題。而且，防衛機制往往也會將痛苦的經歷壓抑在心裏，自己也未必察覺。所以，在生命成聖的過程中，我們需要面對和醫治這些過去的包袱。

有些人會認為，過去的創傷既已發生，也不能改變，耶穌又如何以令時光倒流，醫治我過去的傷痕呢？這其實是一個很難解答的問題。從心理學的理解來說，人對於過去不能化解的事件，特別記得清楚（尤其是有強烈情緒反應的經歷），積存成內在的張力。因為人很想化解張力，回復平靜，所以便會不斷製造一些與不能化解經歷相類似的事件，希望這次能夠成功地解決，有一個較完滿的結局，藉著新的經歷，去化解之前未能化解的張力。

既然人可以藉著新的正面經歷去化解過去的創傷，因此，過往的創傷亦可以在日後得到治療。心理學的其中一種的治療方法，就是幫助受傷者重溫受傷的經歷，讓受害者感受當時的感受，學習去向對方表達，嘗試去明白對方的立場和感受，透過互相的交流，共同面對事實的真相，彼此願意道歉和寬恕，整個過程就產生醫治和整合的效果！雖然受傷的事情發生在過去，但是今天我們仍然可以去面對和處理，化解過去的傷痛。同樣道理，上個星期的爭吵，如果今天兩個人可以互相坦誠分享，彼此接納，衝突就可以化解，上星期的憤怒或悲傷就頓然化解了！

以賽亞書五十三章4節：「祂誠然擔當我們的憂患，背負我們的痛苦。」論到耶穌基督擔當我們的罪，把我們從罪的咒詛中拯救出來。滕近輝牧師指出，這裏的「憂患」、「痛苦」，其原文是指疾病與病痛，所以神醫治疾病是神救贖計劃中的一部分。[11]這疾病不只是指身體的疾病，也包括心靈的痛苦。新約希臘文醫治（*therapeia*）包括身體和靈魂。[12]楊慶球博士有指出比利（Bailey）引用不同的神學家支持他的結論：「救贖的應許是包括肉體的醫治，是上帝賜給一切相信的人。」[13]因此，我們可以肯定神的救贖計劃中，也要醫治心靈的痛苦，不只是現在和將來的傷痛，連過去的創傷也要醫治，正如基督不只擔當我們現在及將來的罪，也擔當我們過去的罪一樣。

有些基督徒認為過去的傷痛已經過去，何必再去經歷這些痛苦？我們在基督裏已是新造的人（林後五17），何必再把舊的傷痛找出來？我們應該忘記背後。在理念上，這說法是可以理解的，然而在經驗和情緒上，我們又發現過去的一些陰影和傷痛，卻成為我們成長的障礙甚至影響我們今日的生活，其中一些更可能與罪有關連。要活出新造的人，就需要面對自己的罪。我們過去的傷痛跟罪又有何關連呢？因為情緒有記憶，所以人在被傷害後會保護自己。例如：如果父母慣於嚴厲苛責，作兒女的便容易成為「弱的我」，不敢表達自己真正的感受，會傾向隱瞞，甚至用謊言去逃避對質；而另外一種極端的反應是，兒女變成如父母一樣的「壞的我」，用憤怒的情緒保護自己內在的脆弱，而這個憤怒的情緒很容易對別人構成傷害。因此，無論「弱的我」的隱瞞或是「壞的我」的憤怒，都是自我保護的方法，是來自成長過程中父母播下的傷害的；如果不去醫治過去成長時的傷害，便難以更改這自我保護的習慣，縱使自己知道這方法不合神心意，卻很難改變，因此，醫治過往的創傷是生命更新必經的過程！

所以，容讓耶穌醫治我們過去的傷痛是基督從生命被救贖和醫治的必經的途徑，在過往的痛苦中，神一直與我們同在，只是我們未必為意，現在我們一起去發現神過去現在將來也與我們同在的事實。讓耶穌和你一起面對過往受創傷的經歷，去體驗祂如何擔當你的憂患，背負你的痛苦，透過祂的安慰和幫助，和祂一起去面對痛苦的一刻，讓祂的智慧和愛去幫助你，心裏的感受和傷害就可以自然化解！這其實是一個簡單的真理：在痛苦中呼求耶穌的幫助，體驗祂的同在如何安慰我們，給我們力量去面對我們所不能面對的困難，然後又看到祂大能的手如何覆庇我們，為我們預備意想不到的出路。可是，人的防衛機制是幫助人逃避痛苦的，因此，我們很自然地做出逃避的反應，不想再回想過往的痛苦，甚至逃避面對現在這刻的痛苦，而不是呼求耶穌幫助自己面對。除非我們親身經歷耶穌如何在痛苦中醫治我們，不然我們未能真正相信神的能力是何等的大，祂的慈愛是何等的長闊高深。因此，基督的醫治，不只平復我們的心靈創傷，也讓我們得生命，更深體會基督的愛與大能，以致我們可以完全順服於基督裏，活出基督裏的新生命！[14]

主耶穌救贖和醫治的工作，必須藉著聖靈的運行。所以，首先，我們的生命要經歷聖靈的工作，如果我們在某些事情背逆了神，沒有順從神的話語，因故意違背神明明可知的旨意，或沒有順從「聖靈的禁止」，那我們與基督的關係便會堵塞了，感受不到聖靈的引領，也經歷不到基督的同在和醫治。因此，我們首先需要向神認罪悔改，改變我們的背逆，如果你不清楚自己與神之間的阻隔，可以求問聖靈，使聖靈可以重新的在我們生命中工作。

其實當我們信主後，聖靈已居住在心裏，然而，因為我們的防衛機制未能將生命完全開放給神，因此聖靈未能夠完全掌管我們生命的全部，所以，每一次當我們願意將未交出的主權開放給神，就會帶來釋放和自由，聖靈的能力更能充滿我們的生命，生命也因此更能經歷耶穌醫治和救贖的大能。

當我們願意開放自己給神的時候，我們便經歷基督的愛和同在，使我們的心感到被安慰、被照明、被擁抱、被肯定及被保護，將我們從黑暗孤單的痛苦中被釋放和拯救出來，這就是神藉以賽亞書五十三章4節給我們的應許：「祂誠然擔當我們的憂患，背負我們的痛苦。」體驗耶穌與你一同面對生命的痛苦經歷似乎很簡單，但是，卻不是每一個人都能夠做到！因為其中包含兩個重要的質素：

(1) 自我意識的能力（ego strength）：這是心理學的名詞，代表一個人內在的心力：有沒有面對真實的自己的能力，而不需要借助防衛機制去逃避或壓抑呢？有沒有面對痛苦情緒的能力？有沒有去面對衝突的能力？有沒有去表達自己需要和明白別人困難的能力？有沒有去化解人際之間的問題的能力？能不能劃下適當的界線？這代表了這個人是否有能力去意識自己的痛苦，並且開放真正的自己，讓聖靈進入自己的黑暗面。在醫治心靈痛苦的過程中，人必須去接觸內心的痛苦，才能得醫治。就如耶穌基督必須經歷死亡的痛苦，才能戰勝死亡的權柄，繼而死裏復活一樣。因此，我們也需要效法耶穌，進入心靈的痛苦，藉著祂復活的大能，讓我們戰勝痛苦，不再恐懼痛苦，得釋放自由。所以，在體驗耶穌「同在」的經歷裏，重點是我們是否願意面對自己的痛苦，是否願意放下自己的防衛機制，打開五官去體驗。難以體驗耶穌的「同在」，是因為不願意面對痛苦的感受，只是停留於舒適的感受中，所以未能感受耶穌在痛苦中的安慰。

(2) 神的形像：聖經中所描述的神是永恆一致的，然而在不同信徒眼中的神，形象卻各有不同。雖然我們在頭腦上都知道，神是慈愛、信實、良善、公義、憐憫，是我們在天上的父神、生命的牧者、救恩的元帥、再來的君王……然而，有好些時候，我們心目中的神的形像，卻與我們的認知相違，甚至可能帶有負面的形像：道德警察、智慧的老人、柔弱無奈的主管、要求完美的君王、高高在上的總裁、苛刻威嚴的校長、偏心的權威、嚴謹無情的法官、及不可捉摸的君王……

有時我們對自己的想法也感到莫名其妙，明知道這想法是不合乎真理，卻又未能改變內心的意識。有一些心理調查發現，每個人（無論他是否信徒）心裏皆有一個神的形象，無論這形象是好或壞！這種形像跟這個人與父母的關係有相連的關係。譬如被父母虐打的人，調查顯示神在他心中的的形像也是兇惡冰冷的。這個調查結果與解釋情緒記憶系統的運作相符，這個人與父母的關係充滿被虐待的創傷，當他聯想到神和父母都是權威人物時，很自然又浮現被虐待的感覺，所以對神的形像自然是負面的！如果我父母非常嚴厲、要求高、常常挑剔，長大後，會形成對其他權威人士有恐懼，容易認為他們也像自己的父母般嚴厲和苛刻。這就是防衛機制「投射」的運作，把自己很怕父母嚴厲苛刻的部分投射到別的權威人士身上。

同樣道理，神作為我們生命中的權威，我們也很容易將我們父母親的特質投射到神身上。因此，我們自小與父母的關係，漸漸形成一種自我的信念，以及對權威形像的信念。雖然我們都是讀同一本聖經，我們每個信徒對神的描述和看法卻不盡相同，所以我們需要明白自己如何將不是神的特質投射於神的身上，需要放下對神的形像的投射，嘗試去真實地認識神，不再堅持一些不正確的觀念。

因此，我們需要認識自己內在的情緒及成長經歷，如何阻礙我們屬靈生命的成長，影響我們對神的理解和信心，以及神的話語能否在生命中發揮作用。認識自己的過程中，最重要的是明白自己的情緒。說來容易，卻不簡單，因有時自己也會欺騙自己；所以，要接觸自己真正的情緒，需要漸漸放下自己的防衛機制，誠實面對自己的感受和接納自己的本像。[15]如果我們不能接受真正的自己或不喜歡真正的自己，我們也不能夠自由地與神相遇，真實地回應神；我們只是在扮演另一個人，活在謊言裏。不能誠實面對自己的人，不能真正與人建立關係，更遑論與神建立關係！

因此，要經歷神的醫治，我們需要認識正確的上帝形像，才能完全信任神，接受神的安慰及幫助，並且相信神的大能會醫治我的苦痛。我們需要認識真理，在生命中能夠經歷神的帶領，能夠與神有親密關係，聆聽神的聲音，敏銳聖靈的帶領，並且願意完全奉獻自己給神！

因此，自我意識能力強及認識正確的上帝形像的人，較容易在痛苦中體驗耶穌的「同在」，也較能夠接受祂的安慰及幫助，相信祂醫治的大能，並且能夠聆聽祂對我們禱告的回應。

當我們經歷耶穌的同在和醫治後，放開舊有的連繫（無論是人或感覺）是重要的步驟，這樣才能夠與主耶穌建立新的連繫，並且用信心去接受神的醫治，宣佈已被醫治及寬恕！每天存感恩的心去領受從神而來的恩典，不要去質疑耶穌的醫治！這些原本十分強烈的回憶，得到醫治後，會漸漸被淡忘！這也是心理的自然反應。情緒上愈難化解的經歷，才會有愈深刻的記憶，不重要或沒有很大情緒反應的經歷，則很容易被忘記！

有些人在平日生活中不一定感到很大的改變，好像過去記憶的醫治與今天的我沒有很大的關係。這可能是由於過去有很多傷害，醫治其中一兩個記憶，未必能有顯著的分別。然而，你可能會漸漸開始發現自己開始有些新反應是從前不會做的，或從前感到非常困難如今卻漸漸變得較容易。改變好像在不知不覺中發生，這就是聖靈的工作。生命成聖的歷程，不是靠自己能力的改變，而是因著過去的創傷被醫治及釋放，聖靈更容易在我們生命中動工！

在這本書的習作中，也有機會讓你邀請耶穌和你一同面對傷痛的回憶。但是，你可能需要有合適的人（專業輔導員和代禱者）給你指引和支持！因此，不要勉強自己，並且接納自己目前的限制，醫治是一生之久的，神會按著你的心裏力量（自我意識的能力），一步一步地幫助你！

9. 神的回應

神可以用不同的方式來回應我們體驗神「同在」的禱告，因此，每個人可能有不一樣的經歷：有些人可能心中浮現形像如白光或圖畫；有些人是聽到聲音、聖經的話語，感受神向他們說話，給予安慰和支持；也有人是感覺一陣溫暖或愛意浮現在心中，感受神的愛如暖流，溫暖心中的無助和孤單；也有些人當認知神的同在，便給予他們理性上的支持及幫助。

與此同時，有一些人能夠體驗到神的同在，但卻不能體驗到神如何回應他／她的痛苦，或施予任何幫助——耶穌卻只是站著沒反應。這種現象令他們費解，為何有些人能得到幫助，而自己卻得不到呢？對於這些難以體驗到神的安慰的人，我相信問題不是出於神不給予安慰幫助，因為聖經中有很清楚的應許，指出神從不離棄我們（詩九十四14），必會安慰我們的痛苦；而是當事人不容易接受別人的安慰，平時也有難以經歷神的安慰。這問題源於「投射」，覺得安慰的人或神都是不可靠的，或是覺得自己太不配、不值得到安慰。

從心理學去理解這種現象，很多人的父母往往因為工作或性格的問題，未能在孩子最痛苦的時候給予他們援助，或根本不在他們身邊。因此，他們往往將父母的影子，投射天父身上，也不能相信在那痛苦的時刻之中，神是與他們同在的，更遑論給予安慰和幫助了。所以，在體驗神「同在」的歷程中，我們需要對比聖經的教導，以真理為依歸。如果我們所體驗到的耶穌形象和教導與聖經相違，我們便需要檢視自己哪裏出了錯。是對神的形像有錯誤的觀念？自己是否不願意接受安慰？自己是不配不值得到幫助？這個體驗歷程也可能反照我們與神的關係，使我們更加清楚知道自己心中的神是一位怎樣的神，是否符合聖經教導！如果在過程中，神給你特別的啟示或引領，這些指引也需要對照聖經的真理，如有任何疑問，需要與教會的牧者或屬靈長者分享，與他們一起印證這是否神的帶領。

然而，你在痛苦的經歷之中，即使未能體驗耶穌的同在，也可以向耶穌呼求，將你心中的痛苦和需要告訴祂，正如耶穌「懇求那能救祂免死的主，就因祂的虔誠蒙了應允」（來五7）。因此，你要相信神在祂豐盛的憐憫和慈愛中賜下醫治的恩典給我們，以致我們可以「坦然無懼，篤信不疑」來到祂施恩座前求！就如迦南婦人為她的女兒求耶穌的醫治（太十五21~28），耶穌回答說：「不好拿兒女的餅丟給狗吃。」然而這婦人的信心使她不但不放棄，並且巧妙地抓住主的話：「雖然是一隻狗，但她總算也有狗的地位和權利，她就要求得到自己應得的權利——一些餅屑。她所求於主的，不過是一些餅屑。既然主是偉大的主、滿有能力和慈愛的主，即使是從祂指縫間掉下來的一點的餅屑，也已經夠她母女二人使用有餘了。主啊！我接受祢的餅屑。我俯伏在祢的腳下，也在祢兒女的腳下，我並不求他們應得的分，只求他們所掉下來的餅屑；這餅屑不會減少他們的分；我謙卑地為自己和女兒求這一點餅屑，這是祢不能拒絕的！」[16]耶穌的慈愛確實不能拒絕婦人的要求，並且希奇她的信心。看到耶穌對一隻狗的慈愛，更何況我們作為祂的兒女，祂的慈愛豈不更充充足足嗎？因此信心是經歷神醫治的必要條件，並且要抓住神的話和應許，神就必按照我們的信心給我們成全。（太八13）

10. 讓耶穌醫治過去傷痛的理念

從心理學的理論，當人可以超越自己的防衛機制，面對自己內心真正的情緒，甚致能夠表達自己真正的情緒，而又被明白及接納的話，情緒的波動和困擾自然會消除！可是在這個面對自己真正的情緒的過程中，可能會經歷痛苦，也正正是我們最需要幫助的時刻：安慰和同在。因此，當人回到過往的傷痛的情緒中，而又得到適當的幫助，傷痛的感受就會被改變，甚至對整個回憶有一個新的結論和看法。這種心理的治療法是透過想像，邀請一個信任的人，進入痛苦的回憶中給予幫助及支持，以致困擾的情緒得到舒緩。

如果將這個心理的治療法延展到信仰的層面，神的幫助會比人的幫助來得更可靠及有能力，因此，在面對過去痛苦的創傷過程中，尋求神的幫助是非常關鍵的，這是因為人在困難中多會先用自己的方法自救，之後才會想起去找神。因此，要能在痛苦中去體驗神的「同在」，是重要的學習和操練。雖然在過往的經歷中，我們未能意識或不知道神的同在，但是從聖經的教導中，我們明白事實上，在過去的痛苦中，我們並非孤單，神是無時無刻與我們同在，我們需要能夠重新去體驗這個真理。

而在過往的痛苦中，神是一直與我們「同在」的，只是我們未必為意這個事實，現在我們一起去發現在過往痛苦中神與我們同在的真理。我們相信神的「同在」是神已經給我們的應許，是一個歷史真理，如同「救恩」一樣，已經為我們預備，我們可以隨時體驗，只要我們願意，開放內心進入痛苦的經歷，用五官去體驗神的同在，打開我們的眼睛、耳朵、及心，回轉過來，「因為這百姓油蒙了心，耳朵發沉，眼睛閉著；恐怕眼睛看見，耳朵聽見，心裏明白，回轉過來，我就醫治他們。」（徒二十八27）正因為耶穌所應許的同在是跨越時空，隨時隨地可以支取，只要相信神的應許，就會體驗祂的「同在」所帶來心靈的安慰和幫助，這就是神「同在的醫治」。

體驗耶穌在過去傷痛的同在，是非常有治療效果，因為耶穌的同在，比任何人的幫助更有能力，我也曾經歷過這樣的醫治。有一次我為過去的創傷禱告，在禱告裏，我感受在我創傷中經歷主耶穌的同在，在痛苦中感受被安慰和保護，得到平安，這個禱告的經歷也給我力量去寬恕傷害我的人。因此，這個經歷令我更深明白：神的同在是可以醫治過去的傷痛。

神「同在的醫治」歷程有別於屬恩派柯瑞福（Charles H. Kraft）所指的「內在醫治」，柯瑞福相信整個「內在醫治」歷程是聖靈這刻直接的啟示和彰顯，需要運用超自然恩賜（如方言、智慧的言語／先知的預言、醫治），他相信信心圖像（faith picturing 或 visualization）是靈裏的運作，而絕非僅想像力的產物。柯瑞福的全人醫治觀建基於魔鬼操控觀（Demonization），因此「內在醫治」和釋放服侍兩者相輔相乘，不可分割。[17]而體驗神「同在的醫治」的理念是基於心理學的情緒轉化，基礎是聖經的真理：神對我們的不離不棄（詩九十四14），必會安慰我們的痛苦，我們可以去經歷在過往痛苦中神與我們同在的真理，而因此得醫治。這醫治的歷程不一定全部是這刻聖靈直接的啟示和彰顯，然而，我們卻不能排除聖靈直接工作的可能性，這個理念純粹是經歷神在心靈傷痛的同在，並不掀洩靈界接觸，也與魔鬼操控觀無關。這體驗神「同在的醫治」並不是發展一個醫治的事工，也不是一套特定的醫治模式，可以掌握醫治的竅門，並加以訓練。神「同在的醫治」只是一個按真理的醫治理念，讓人可以明白神是可以醫治我們心靈的痛苦，醫治的步驟及方式卻是因人而異，這是神的主權，我們無法測度或控制，這醫治的理念最重要是確立基督在我們生命的地位，經歷祂是我們醫治的主，最終的結果不只是得醫治，乃是更認識這位醫治的主，將自己的生命連繫與主，是得到主自己。

11. 信心與生命更新的醫治

心靈醫治的歷程是一個生命成長的過程，「主的醫治通常是漸進的。這醫治也隨著我們屬靈生命的長進和信心的增長而發生在我們身上」。[18]許多人想很快得醫治，其實這是錯誤的觀念。我們必須有更深、更平靜安穩的力量以維持我們更高屬靈的福祉。有時只要我們預先作好準備，神就會頂快的作工。神是清楚知道祂在我們身上作工的次序和步驟，以配合我們每一個人的屬靈狀況，祂是我們生命中的窯匠，必照祂的旨意成就在我們生命裏。因此，不要去與別人比較，因為每一個人的歷程都是獨特的、沒有既定的程式。而其中最重要的，是相信神對自己的憐憫和慈愛，祂是「發慈悲的父，賜各樣安慰的神」（林後一3下）；深信祂的智慧及祂的應許，祂要你的生命得醫治，「必使你痊癒，醫好你的傷痕」（耶三十17上），也希望你經歷祂的豐盛。

因此，信心在整個心靈醫治的歷程裏，扮演著重要的角色。「醫治的行動之所以有功效，完全是因為禱告有信心。神聖醫治與禱告結連在一起：實際醫治效力從上帝而來，受醫者亦必須有信心。」[19]就算未能即時體驗神的同在、痛苦未有舒緩、問題未能改變、自己的禱告好像未蒙應允，以致不敢相信祂的應許、沒有能力作出改變、不想面對難受的傷痛、不敢面對自己的不足和黑暗、醫治彷彿遙遙無期；即使如此，我們也要相信神是有能力醫治和幫助我們，相信神要將最好的賜給我們。這份信心就是耶穌對那些被醫治的人說的：「照你的信心給你成全。」（太八5~13，九18~26，九27~31，十五21~28；路十七12~19）因此，你必須接受基督作你的大醫生——不只是將來，乃是現在，祂要醫治你。對於有些人，接受神的安慰是有困難的，因為怕失望，不想冒險去接受。

如果你的信心軟弱，可以禱告求主增加你的信心（路十七5），其實一切都是神所賜給我們，連信心也是主所賜的（徒三16）。所以，我們必須不要倚靠自己或人的說法，需要親自去尋求神的醫治，按著聖靈的帶領，跟從神所賜的領受，不要去疑惑神的工作，重點是要時刻活在神的能力裏，因為神的能力是在人的軟弱上顯得完全（林後十二9），這就是我們得著醫治的祕訣。即使有時未能經歷神的同在，只要我們繼續相信神的同在，必會得到醫治，然而，神要給我們豈只是心靈的醫治，還要在我們生命中成就更大的事，你是否願意相信呢？所以，不要只單單追求神的醫治，而是要追求那醫治的主！

12. 醫治面對將來的恐懼

耶穌醫治的能力不只停留在過去與現在，並且可以幫助你面對將來的恐懼，因著祂的應許的能力，必能與你面對生命中的風浪，使你能夠安然渡過死陰的幽谷，問題是你是否相信祂，將你的恐懼交給祂？林（Linn）曾指出，[20]那些不記得過去有任何傷害的人，也可以去經歷耶穌的醫治，方法就是邀請他們想像，他們最懼怕未來有甚麼事情會發生在他們身上，想像這些事情真的發生在他們身上，然後邀請耶穌進入這些情景，觀察祂如何處理，祂對他們説甚麼話，如何幫助他們面對這恐懼，因而他們可以慢慢放鬆肌肉，減低癱瘓及無力感，並且意識到，與耶穌一起面對將來的恐懼，使他們的生命因此而成長和改變！

在成長經歷中，我們往往獨自面對恐懼的情緒，因此，我們會害怕面對恐懼，會用不同的防衛機制去逃避。所以，最重要的是將自己的恐懼交給主耶穌，放在祂手裏，在恐懼中發現基督的臨在，好讓祂能安慰和幫助我們，去經歷萬事互相效力，一切在祂的掌權之中！這就是克服恐懼的最好方法！基督在客西馬尼園面對十字架的掙扎，為我們面對恐懼，留下了最好的榜樣。在想像之中，祂面對將要來臨的苦杯，祂將心中的恐懼告訴天父，從中去經歷天父的同在的能力，以致祂至終可以順服父的旨意。這個過程是我們每一個人都要經歷的：邀請耶穌進入我們的恐懼之中，經歷耶穌同在的大能！

雖然這聽來是一個簡單不過的理論，然而卻難以實行。因為一般人不願意去面對心中的恐懼，甚至不敢想像自己要面對可怕的情況，人們可能很快就逃離恐懼的想像，跳去想別的東西。因此，我們要按自己的能力，慢慢面對恐懼！對於一些常常活在憂慮之中的人，可以請耶穌進入那憂慮的情景，看耶穌怎樣幫助你面對一切的困難！有時候，恐懼會立刻消失；但是，也可能需要重複地不斷求主進入不同的恐懼情景中。因為一個恐懼的念頭會牽引起另一個恐懼的聯想；你可能需要求聖靈引領你，明白你目前這恐懼是否源自於過去某些的創傷，然後請主耶穌醫治你，過往創傷的醫治可能會釋放你現在的恐懼！

林引用他的個人經歷，說明怎樣靠著耶穌的大能，幫助他克服懼高症。[21]他在斯多頓學院退修時，在峭壁上祈禱，從峭壁上俯視五百英尺下的奧哈約河，他就全身發抖，發現自己有不正常的懼高症。當他試過不同方法而又無效後，他坐在距離峭壁二十五英尺的地方，將他的恐懼告訴耶穌。檢查一切可以抓住保命的東西，又得到耶穌的安慰後，他慢慢站起來，感謝神之後，便不再感到害怕。然後，他嘗試向前邁進三步，又再跳回來，坐在安全的硬地上。

第二天，他又回到峭壁上去，坐在距離峭壁二十英尺的地方，峭壁下車輛急駛的吼聲令他往後退一步。這令他想起一次在交通意外中受傷的經歷，他又回到這過去受傷的記憶中，邀請耶穌幫助他，使他感到被保護、不再恐懼，同時他也為自己對死亡的恐懼禱告。隨後，又有另外一種恐懼浮現，他怕走得太近峭壁的邊緣，山石會坍下去，他會飛墜到峭壁下。雖然這是不大可能發生的——有一個緩步跑的人站在崖邊，而他離此人還有十五英尺遠——於是他問自己：為甚麼怕掉下去？他集中注意在掉下的動作上，但想不起自己曾有掉落的經歷，於是幻想甚麼意外跟墜崖相似：似乎是怕飛機失事、電梯電纜斷裂或車子不受控制衝下懸崖等。經過細思後，他發現車子衝下懸崖，最接近他當時的感受。於是他想像開車子滑下懸崖，但他卻想像自己安全著陸，落在幾英里下的雪地上。於是，他再想，車滑下去，結果他摔死了，然後被迎接進入基督愛的懷抱中。這個結果，他也覺得不錯。因此，這次他又再想，車子滑下去，他穿了救生衣，所以沒有摔死，但是卻傷得很重，被撞得痛極了，而且更癱瘓了，於是他邀請耶穌進入他想像的痛苦中，經歷了耶穌的同在，得到力量，最後還能說：「謝謝祢，癱瘓讓我每天都經歷到，我一切都要依靠祢，也經驗到祢的愛。我還是希望祢把癱瘓治癒，但按祢的時間祢的方式。」

退修的最後那天，他又小心謹慎地走到距離懸崖八英尺的地方，他又開始感到害怕。他問自己，既然已經作了之前的禱告，為甚麼還怕死？他發現那恐懼並不是來自害怕死亡前的痛苦（因為從五百英尺墜下，應會立即死亡，不會有太大的疼痛），但是深藏在心底的，是他不願意放開他的親人，以及會因他的死而感到痛苦的人。他為這些人一個一個地感謝神，並把每一個人放在基督的手裏，放開他自私的拳頭。過程中他也向神討價還價：「耶穌，我生命中，祢甚麼都可取去，但不要奪去我的父母、丹尼斯（他的弟弟）……」最後他把這個主權交給耶穌，頓然心靈上洋溢著新的自由，又向懸崖走了一步。這時他距離懸崖邊大約四英尺的光景，這似乎是個恰當的距離。直到今天他仍不怕懸崖，耶穌徹底醫治他的懼高症。

這個方法除了醫治懼高症、坐飛機或船的恐懼外，也可以消除平日心中的壓力、感到恐懼或心靈沉重的事。學習想像一下，心中最恐懼的情境，若真的發生，就邀請耶穌進入這恐懼或憂慮的情境中，看耶穌會如何安慰和幫助你。有些恐懼的情境會令你難受，不想投入想像。你可以嘗試聯想你過往有沒有一些類似的經歷，或看到別人有類似的經驗。邀請耶穌和你一起面對那些過去的記憶，醫治你。書中的習作也會幫助你更意識自己內在的恐懼，當你愈能夠面對心中的恐懼，你愈能夠經歷耶穌的能力，是能夠充足地幫助你面對生命中任何困難或苦難的。你就能更經歷基督裏的自由，生命的豐盛也由此起！

生命更新的祈禱

1. 接受耶穌作我生命惟一的救主

如果你尚未是基督徒，卻盼望經歷主耶穌的愛和醫治，你可以跟隨以下的禱告作為你向神的禱告：

主耶穌，我來到祢面前，多謝祢揀選我，給我有認識祢的機會，感謝祢賜給我生命氣息。在我過去的生命中，祢不斷地引導和照顧我，並且愛我。祢為我犧牲自己，被釘在十字架上，使我的罪得赦免，同時也賜給我新的生命、神兒女的身分和各種的恩典。為這一切，我衷心感謝祢！主耶穌，我相信祢是神的兒子，降世為人，從沒有犯罪，祢經驗了人世間各種的艱苦與悲困，祢完全了解人內心的感受和掙扎。主耶穌，祢在十字架上的死亡，代替了我所犯的一切罪過；祢的復活，賜給我永生的盼望。

主耶穌，我向祢承認我過去曾犯的罪。（靜默片刻，按聖靈指引，逐一認罪。）我願意接受祢作我生命惟一的救主。我相信除了祢以外，沒有一個名字可以使我得救。現在我把整個生命交託在祢的手中，多謝祢寬恕我過去一切的罪，賜給我一個新的生命，我願意一生跟隨祢的旨意，讓你成為我生命的主人，求祢的聖靈入住我心中，一生指引我走在祢的真理中。主耶穌，我感謝讚美祢，阿們！

2. 向耶穌認罪

如果你已是基督徒，在祈求主耶穌的醫治前，你需要先向耶穌認罪、寬恕傷害你的人及寬恕自己，並且開放自己的內心給主耶穌，使祂可以自由地在你心中運作。如果你不清楚如何禱告，你可以作以下的禱告（禱文可以按你情況適當地更改）：

主耶穌，祢是我的救主，我生命的惟一主人，今天我向祢承認我一切所曾犯的罪，無論是過去或現在，有意識或無意識的，多次或偶然的，我都將它們帶到祢面前，向祢認罪，如果有些罪是我自己不意識或祢要我面對的，求聖靈提示我。(靜默片刻，開放自己，求聖靈啟示你，面對需要面對的罪。留意這刻心中浮現的意念和情景，向耶穌承認所意識到的罪，向祂述說，懇求祂的寬恕。)

主耶穌，多謝祢的慈愛，像我這樣的一個罪人，反反覆覆地得罪祢，但祢仍然寬恕我到底！我是個何等不配的罪人，祢仍不嫌棄我！今天，我願意悔改，求祢的寶血再次潔淨我，幫助我不要再犯同樣的罪。每當我沒有意識到自己將要再犯時，求聖靈提示我，求祢給我力量去改變。主，我感謝祢，因為祢讓我從罪惡的綑綁中被釋放出來，給我新生命的自由，因著祢將祢的生命賜給了我，使我得著祢的能力，去活出祢所喜悅的生命。主，為祢所賜給我的一切，我衷心感謝讚美祢，阿們！

3. 寬恕一切得罪過我的人

主耶穌，多謝祢已無條件寬恕了我一切所犯的罪，也接納了我這個罪人，現在我求祢幫助我也去寬恕那些曾經傷害我的人。(靜默片刻，讓聖靈提示你需要寬恕的人或事件，然後逐一說出他們的名字及對你的傷害。)主啊，我把剛才提及所有傷害我的人，以及他們對我所作的事，都交在祢手裏。因著祢對我的寬恕的愛，我也願意寬恕他們，求主也寬恕他們，因為他們所作的，他們不知道。(如果未能寬恕某一些人和事，可以先寬恕可以寬恕的人或事件，然後繼續以「未能寬恕的禱告」來祈禱。)主耶穌，多謝祢對我的大愛，給我力量去寬恕他們，祝福他們。我把我心中對他們的怨氣、憎恨、憤怒、害怕都釋放出來，交在祢手中，求祢幫我化解與轉化，使我不再被這些情緒所困擾。因著祢的愛，我不再怨憤；因著祢的愛，我不再害怕。祢釋放了我心中的重擔，讓我心靈重獲自由。主耶穌，我感謝讚美祢奇妙的愛，這份愛幫助我化解心中許多的結，祢的愛實在奇妙莫測，我衷心的感謝祢給我如此奇妙的恩典，阿們！

或未能寬恕得罪過你的人，你可以「未能寬恕的禱告」向耶穌傾訴：

主耶穌，我知道如果我寬恕那些曾得罪我的人，會讓我得釋放、得自由；然而，我尚未能夠寬恕。(逐一說出每一個人的名字及所作的傷害，靜默片刻，求聖靈讓你明白你未能寬怒這個人或這件事的原因。這個人或這件事是否使你回想起過往也曾經歷類似的傷害？你又是否可以寬恕那些過往曾令你受過類似的傷害的人？)求祢讓我明白我未能寬恕的原因，雖然我未能寬恕他們，但我願意將我心中對他們的憤怒、仇恨，或恐懼交在祢手。主啊，恐怕我會犯罪報復、得罪祢，請祢幫助我，相信祢的慈愛，伸冤在祢。我願意倚靠祢聖靈的大能，幫助我更深去體驗祢的愛，溶化心中的恐懼。在這刻，我想請祢和我一同面對我被傷害的痛苦，讓祢醫治我，使我從受傷害的創傷中站起來，不再孤單無助。祢的愛緊緊包圍我，因祢的愛寬恕了我，我就嘗試寬恕他們。求主幫助我，我感謝讚美祢，奉主名求，阿們！

4. 寬恕自己

主耶穌，多謝祢已寬恕了我，現在我也學習活在祢寬恕的慈愛中：寬恕自己、接納自己、善待自己、珍惜自己，正如祢寬恕我、接納我、善待我和珍惜我一樣。耶穌，我是一個自私、懦弱、虛假、逃避、失敗、充滿瑕疵、滿有罪惡的人。當我面對這真實的自己時，我常常不能接受自己。因此，我自責、自怨、自恨、自罰，甚至自毀。但是，主耶穌，我相信祢愛這個真正的我，這個自私，懦弱、虛假、逃避、失敗、充滿瑕疵、滿有罪過的我。主耶穌，多謝祢寬恕大愛，接納了這個真我，幫助我能面對真正的自己，接受自己的限制和缺點，寬恕自己的過錯，就像祢對待我一樣，溫和地對待自己，給予自己一個改過自新的機會。

聖靈求祢用真理提醒我，幫助我用一個正確的態度來面對自己，不再以自責和自貶去改進自己，而是讓主的愛在我心中使我剛強起來，靠著主給我的能力，活出真正的自己。主耶穌，求祢教導我如何以祢慈愛的眼去看我自己，以致我也可以喜悅這個祢所創造的我，也可以欣賞祢已賜給我的一切，學習以祢的愛去愛惜自己，不再委屈傷害自己，而是行在真理中！感謝祢主耶穌，讓我在祢愛中漸漸成長，求祢幫助我每天更像祢，這是我的禱告，求主悅納，阿們！

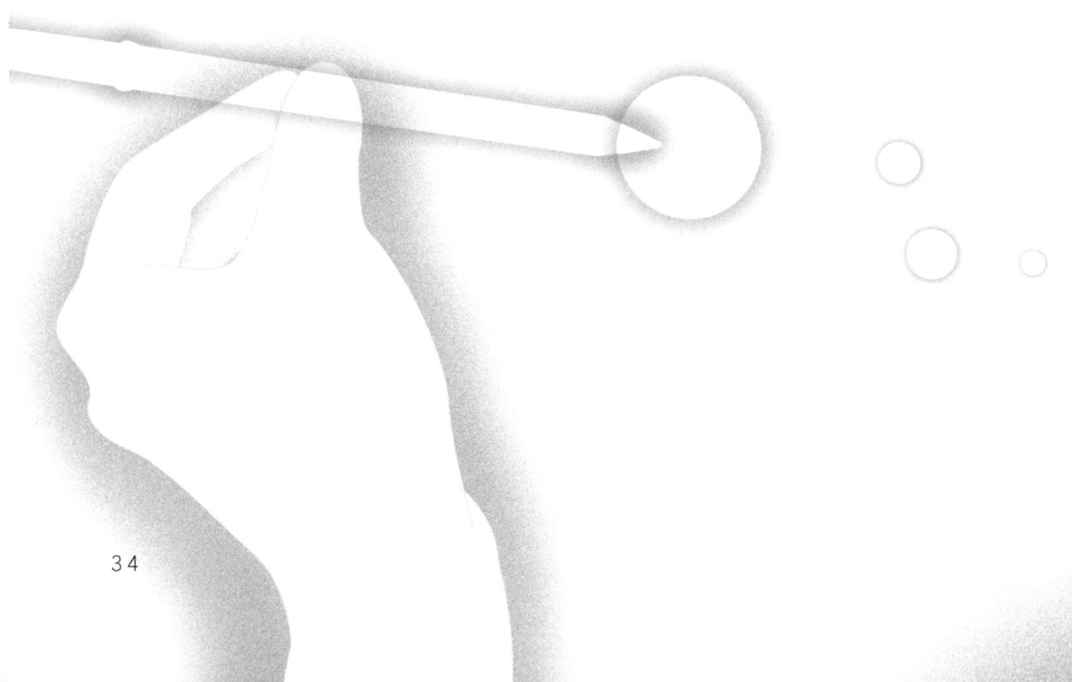

5. 開放自己給耶穌

主耶穌，我來到祢的面前，願意將自己完全開放給祢。過往我不知道如何面對自己心靈的痛苦和創傷，所以經常以防衛機制去逃避。(請說出自己常用哪幾種機制，如：否定、投射、理由化等。)現在我已習慣使用這些防衛機制，使我無法接觸自己真正痛苦的情緒。耶穌，我明白這些機制，只是令我倚靠自己的方法去逃避痛苦，而不是倚靠祢的能力去勝過痛苦；但是，這已變成我習以為常的方法，不是憑我的力量可以改變得了的。現在，我向祢認罪，不再倚靠自己的方法，使用這些防衛機制，在我不為意又再次使用這些防衛機制時，求聖靈提醒我，以致我可以將我整個生命完全開放給祢。請祢按祢的時候和方法醫治我過去的創傷。聖靈，請祢隨意進入我生命中任何一個部分、時段或回憶，以祢的方式來醫治、改變和整合我的人生，使我能夠完全被祢掌管、連繫於祢。感謝祢，主耶穌，成為我生命的主，阿們！

6. 經歷心靈醫治後

天父，感謝祢永不改變的慈愛；主耶穌，多謝祢醫治我心靈的創傷，解除我的綑綁，使我感到輕省；聖靈，多謝祢的大能，讓我得到醫治，求祢填滿我心中以前被綑綁，現在被釋放而騰出的空間，也充滿我心中所有的空洞，使我的生命完全被祢的靈充滿。也求祢堅定祢在我生命中已經完成的醫治。我衷心感激祢的恩典，這一切都是出於祢的，願榮耀歸於祢的名，阿們！

第一部分：我是誰

對於怎樣定義「我是誰」，心理學上有不同的解釋。而且，人會不斷改變，每當對自己有了新的認識和發現，加以整合後，又會有新的變化，所以，「我是誰」這問題的定義和答案，可謂無窮無盡，沒完沒了。人在自己也不完全認識自己之際，自己的一切都在變幻莫測之中，卻發現這一切都掌握在創造我們生命的主的手中，只有祂才全然認識我的一切。

這一部分是基於九個不同層面的我而組成：我的形像、我的情緒、我的性格、我的身體、我的性別、我的身分、我愛的語言、我的心和我的夢。雖然未必能夠蓋括所有的我，但是也是認識自己的一個開始，讓聖靈帶領你繼續這個認識自己的生命歷程。

誰能像祢？

誰能像祢，至聖至榮，
可頌可畏，奇妙莫測，
我算甚麼，祢竟顧念。

祢以祢的，形像造我，
何等尊榮，何等驚訝，
道成肉身，為我而死。
何等恩惠，何等慈愛，
賜下聖靈，成為聖潔，
何等奧妙，何等智慧，
我竟能夠，像祢我主。

在祢眼中，我是尊貴，
在祢心中，我是至愛，
在祢口中，我是揀選，
在祢愛中，我是蒙福。

我要相信，我是寶貝，
我要釋放，心中謊言，
我要活出，祢的形像，
我要宣佈，我屬於祢。

我的形像

1.1 你的名字代表著你，你喜歡你的名字嗎？你是否了解你父母為你所取的名字，背後象徵甚麼意義？你喜歡別人怎樣稱呼你？這個稱呼對你有甚麼意義？

1.2 請你畫一棵樹。（完成後可參考附錄九的解釋。）

1.3 如果你要用不同的線條、圖案和顏色去形容自己，你會怎樣表達？（參附錄十。）

1.4 如果你可以用言語表達圖畫中的人，你會怎樣形容它？

1.5 哪一部分是你喜歡的？為甚麼？

1.6 你曾為你喜歡自己的地方而感謝神嗎？將這一部分的你所帶給你的祝福及幫助告訴神。

1.7 哪一部分是你不喜歡的？為甚麼？

1.8 你又曾為你不喜歡自己的那些地方向神祈禱，尋問神要在你不完美的部分裏成就甚麼嗎？這對你屬靈生命的成長有甚麼幫助？

1.9 整體而言，你有多喜歡畫中的自己？

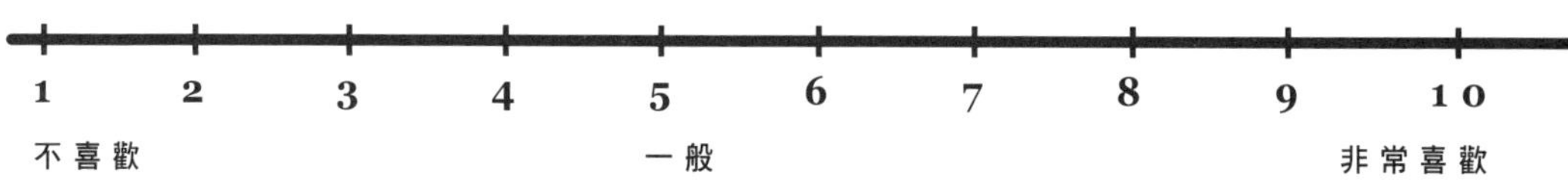

1.10 如果你可以再畫一次，你希望它變成怎樣？請用不同的線條、圖案或顏色，將它修改為你期望的樣子。(可參考附錄十。)

1.11 當你面對兩幅圖畫，你有甚麼感受？你可以接受自己變成第二幅畫那樣嗎？你寧願接受改變前的它或是改變後的它？

1.12 你曾用甚麼方法幫助自己變成理想的你？這些方法有效嗎？你滿意結果嗎？

1.13 有沒有一些部分是你怎樣努力改變自己，卻仍未能改變的呢？面對這些不能改變的部分，你難受嗎？請你寫下這難受的感受和所連帶的負面思想。

1.14 當你把這個的負面思想告訴耶穌，耶穌又會如何回應你？你可能會看到一幅圖畫或一個思想或一種感覺（可參考附錄十），可以求神將當中的含義告訴你，也可以找你的牧者或屬靈導師與你一起禱告，去尋問神。這是神給你的應許：
你們尋求我，若專心尋求我，就必尋見。(耶二十九13)

1.15 如果你不能改變它，耶穌會接納這個不能改變的你嗎？

如果你仍然得不到答案，或認為耶穌不會接納這樣的人，請默想附錄一的經文，求神引領你得到真理的亮光。如果你頭腦上知道，但感受上未能接受，你可以祈禱求神幫助你接納真理。

1.16 如果你認為耶穌會接納它，你又願不願意去接納它？可能你要包容那種令你難受的感受，嘗試用顏色、圖案和線條把這種感受表達出來。

1.17 耶穌應許與你一同面對這難受的感覺，當你體驗耶穌的同在，你有甚麼感覺？你可以將這難受的感覺告訴耶穌。

1.18 耶穌如何安慰你？如果你未能感受到耶穌的安慰，請默想以下經文：

母親怎樣安慰兒子，我就照樣安慰你們，你們也必因耶路撒冷得安慰。(賽六十六13)

你認為母親會如何安慰她的孩子，神也會如此安慰你。嘗試深呼吸，去接受神的安慰，你有甚麼感受？

1.19 如果你的心被神的愛所感動，請把你的心底話告訴祂：

我的情緒

情緒是神所賜的禮物，幫助人可以迅速組織行動，增加求生的能力，並且讓人可以明白自己，與人和神建立親密關係。

內在情緒的綜覽

2.1 如果要你用一種顏色去代表開心的情緒，你會如何用圖案或線條將它表達出來？

如果可以用言語表達以上的圖畫，你會如何形容？

這幅圖畫給你帶來甚麼聯想？一個回憶、故事或思想？

2.2 如果要你用一種顏色去代表哀傷的情緒，你會如何用圖案或線條將它表達出來？

如果可以用言語表達以上的圖畫，你會如何形容？

這幅圖畫給你帶來甚麼聯想？一個回憶、故事或思想？

2.3 如果要你用一種顏色去代表焦慮緊張，你會如何用圖案或線條將它表達出來？（可參附錄十。）

如果可以用言語表達以上的圖畫，你會如何形容？

這幅圖畫給你帶來甚麼聯想？一個回憶、故事或思想？

2.4 如果要你用一種顏色去代表憤怒，你會如何用圖案或線條將它表達出來？（可參附錄十。）

如果可以用言語表達以上的圖畫，你會如何形容？

這幅圖畫給你帶來甚麼聯想？一個回憶、故事或思想？

2.5 如果要你用一種顏色去代表羞恥，你會如何用圖案或線條將它表達出來？

如果可以用言語表達以上的圖畫，你會如何形容？

這幅圖畫給你帶來甚麼聯想？一個回憶、故事或思想？

2.6 如果要你用一幅圖畫來表達這五種情緒如何錯綜複雜地交織在你每天的生活中，你會怎樣表達？（可參附錄十。）

如果可以用語言表達以上的圖畫，你會如何形容？

2.7 重新再觀看這五幅圖畫，你有甚麼發現？

2.8 你喜歡這五幅圖畫嗎？哪一種情緒是你覺得最模糊的？

2.9 如果你發現在畫的過程中，對其中一或兩種情緒的感覺非常模糊，不知如何表達，或所畫的圖畫很空洞或含糊，那你可能對這種情緒有著防衛心態。想想在這個空洞或含糊背後，可能隱藏著甚麼，嘗試把它表達出來。（可參附錄十。）

2.10 專注於那幅你最模糊的圖畫，你為甚麼不喜歡它？

2.11 如果你可以用語言去表達這種情緒的狀態，你會如何描述？

2.12 嘗試代入這幅圖畫中的情緒，如果這情緒可以說話，它會怎樣介紹自己？

2.13 如果問這情緒為何令你不舒服，它會怎樣回應？

2.14 這模糊的情緒是你恐懼接觸的情緒，它會令你陷入甚麼難受的情況？將這份恐懼及最難受的情況告訴耶穌，並且安靜等候聖靈的提醒和回應。

2.15 嘗試去面對這個情緒，情緒有如海浪，變化多端，感受它不同的轉變，看它是否真的如此叫你難以忍受？嘗試在其中停留一下，如有需要，可以邀請耶穌幫助你。結果如何？

2.16 如果這刻未能進入這痛苦的情緒，可以聯想一個過去被這痛苦情緒困擾的經歷，體驗耶穌與你同在。結果如何？

2.17 這新的體驗會不會令你對這種情緒有不同的理解？嘗試用圖畫把它表達出來。（可參附錄十。）

被別人說話所影響的情緒波動

2.18 你是不是容易因別人的說話而引起情緒波動？為何如此？

2.19 別人所說的一句話，會不會令你不斷質疑自己、怪責自己或批評自己？請描述整個的歷程。

2.20 這可能導致你很怕與某些人接觸，害怕再被傷害；然而，最傷害你的，是你自己——一再對批評和不接納自己。別人的一句話，可能只會帶來數分鐘的不快，而你對自己的怪責，卻可能長達一整天，甚至更的長時間！你認為誰對你造成的傷害比較嚴重呢？

2.21 如果聖靈感動你，發現對自己傷害最深的，是對自己的不接納，請你向神認罪，因為在你這傷害自己的過程中，你也傷害了愛你的神的心，因為神在基督裏已經完全接納了你，而你卻不接受祂的接納、愛和恩典。

2.22 請你也向自己道歉，小時候的心靈已被家人傷害，長大後，自己仍然不放過自己，因別人一句的話，又再怪責、批評自己，讓自己的心再度被傷害。

我的性格

我們的性格由很多不同的特質組成，不同的特質成為不同部分的你！這不同的部分有些會有衝突，有些卻互相補足，這些不同的部分錯綜交疊，形成今天的你！很多人以為性格是天生的，因而認定人的發展是受困於已定型的性格！其實，性格的形成深受後天的成長經歷所影響。因此，不同的性格特質可以追溯於一些不同的經歷和際遇。所以，你今天的一些性格的特質，並不一定是天生如此，或者它是在無可奈可下演變而成的。然而，因著基督的醫治，我們的性格特質也可以被改變！

性格的綜覽

3.1 你認為自己有甚麼性格特質？如果要以不同的你去代表不同的性格特質，他們會是甚麼形狀、甚麼顏色的？嘗試把他們描繪出來。（可參附錄十。）

3.2 你會如何為圖畫裏的不同性格特質命名？

a.

b.

c.

d.

e.

f.

3.3 嘗試介紹這不同性格的特質的你，以及他們如何從你過去的經歷中被塑造出來。

a.

b.

c.

d.

e.

f.

3.4 你最喜歡哪個性格的特質？為甚麼？

3.5 你曾為你喜歡自己的性格特質而感謝神嗎？將這特質為你帶來的祝福及幫助告訴神：

3.6 最不喜歡哪個性格的特質？為甚麼？

3.7 你曾為你不喜歡的性格特質向神祈禱，尋問神為甚麼你會有此性格特質嗎？這對你屬靈生命的成長有甚麼幫助？

3.8 每一個性格特質都有它的好處，亦有令我們要付出代價的時候，嘗試找出你喜歡與不喜歡的性格特質的優點和缺點：

性格特質	優點	缺點
我喜歡的		
我不喜歡的		

3.9 你又是否常感到自己不如人，常常被比下去的感覺？哪些性格特質是你感到自己不如人的呢？

你會不會同時亦常常看不起別人的某些性格特質？別人哪些性格特質是常令你感到不滿，也不能接受的呢？

3.10 你感到不如人的性格特質，以及令你對人感到不滿的性格特質，都是你不能接納自己的部分。如果你不能接納別人擁有某些性格特質，那是出於你不能接受自己擁有那些特質，所以將那些特質投射到別人身上。面對自己或別人不能接受的特質是非常難受的，請嘗試形容這種難受的感受，你可以用不同顏色、圖案或線條將它表達出來，也可以將這難受的感受告訴耶穌：

3.11 你曾否因你自己某些性格特質而經歷被人拒絕、傷害或離棄呢？

3.12 在那次被傷害的經歷中，耶穌與你同在，將你的感受告訴祂，並且安靜等候耶穌會如何回應你。記下祂給你的幫助和安慰。

幫助：

安慰：

3.13 嘗試問耶穌，當時所發生的事件，是由於你不應具有這些性格特質，還是對方不該因你的性格特質拒絕、傷害或離棄你呢？耶穌如何回應你？

如果你不知道耶穌會如何回答，你可以嘗試按聖經真理分析。如果這件事發生在別人身上，你作為第三者，你會如何回應？也可以去問牧者或屬靈導師該如何分辨責任所在，然後再禱告神，引證這是否合乎聖經真理。

3.14 嘗試將你不喜歡的性格特質交給主耶穌，告訴祂你所受的傷害和痛苦，求祂幫助你從傷害中被釋放出來，試寫下耶穌對你的回應：

3.15 如果主耶穌告訴你：「赦免他們；因為他們所做的，他們不曉得。」（路二十三34）你會如何回應？

饒恕自己

3.16 如果你曾怪責自己不該有這些性格特質，你又是否願意原諒自己？

3.17 寬恕是一件很困難的功課，尤其是寬恕自己，然而聖經卻應許：「我靠著那加給我力量的，凡事都能做。」（腓四13）因此，你只要向耶穌承認你願意遵行，但心裏仍未放下，求祂幫助，完全交託給祂，奇妙的事就會發生。（可參生命更新的祈禱中，寬恕自己的禱文。）

3.18 再重看你之前所畫的圖畫，面對你不喜歡的性格特質，你現在有甚麼感受？若你現在再畫一次，會不會畫出一幅不同的圖畫？（可參附錄十）

3.19 你可以為你的每一個性格特質而感謝神，求神潔淨每一個性格特質，被主使用：

我的性別

性別形像是一種內在、持續和堅持的、對自己作為一個男性或女性的自我意識，對自己作為一個怎樣的男人或女人的定義。（關於性別形像的詳細討論可參考附錄二。）

我的性別形像

4.1 我們的性別是神所賜的，神是按著自己的形像造男造女，你曾否因自己的性別而感謝神？你是否接受自己男性或女性的形像？

4.2 請在下面畫一個人：

4.3 請在下面畫一個另一性別的人：

（完成後可參考附錄九的註解。）

4.4 仔細觀看這兩幅圖畫，有甚麼不同？你較喜歡哪一個？你知道為甚麼嗎？細心觀察哪一幅圖裏的人較為完整、有能力、比較大或有生氣？（可參附錄十。）

4.5 聯想你平日與男性及女性接觸，你會喜歡與哪一個性別的人交往？你的朋友中是否你喜歡的性別較多？

4.6 你認為自己較容易表達哪一個特質？

☐ 男性特質　☐ 女性特質

4.7 別人對你的評語中認為你是較男性化或女性化？如果你不清楚，可以尋問你身邊較認識你的朋友：

性別形像的形成

4.8 聯想你孩童時與你父母的關係，你是否與父親或母親較為親近？你的心事會容易向誰傾訴？

☐ 父親　☐ 母親

☐ 其他人：________________（性別：__________）

4.9 回想你孩童時，如果你與父母的關係不很密切，是否有一位兄姊、長輩或老師是你很喜歡的，而他們的性別是男性還是女性？

4.10 再比較 4.2 至 4.9 的答案，其中的答案是否一致，你是否會較為接納其中一個性別？

4.11 孩童時，父親母親在家庭中的形像如何？

你對母親的形像是：

你對父親的形像是：

4.12 父母親是我們生命首個的男性及女性，影響我們以後對男性或女性的看法，你認為父母親的形像如何影響今天的你怎樣看男性及女性：

4.13 回想你童年曾經傷害你的人，他們多數是男性或女性？你是否也較為怕這性別的人，這是否影響你對男性或女性形像的看法？

4.14 回想那次被傷害的經歷，你可以體驗耶穌的同在與安慰，你經歷主耶穌怎樣幫助你？

4.15 嘗試分辨這次傷害是誰的責任？你是否仍然覺得自己有責任或甚至將對方的責任也歸咎於自己身上？

4.16 你願意寫一封信給對方，將你被傷害的感受和需要告訴他／她，也將對方的責任告訴對方，並且表示如果對方再次傷害你，你會如何設立界限，不再受傷？

4.17 如果較多傷害你的人的性別與你一樣，這又怎樣影響你看自己的性別？你又會否因此希望自己不是現在的性別？你又會否抗拒同性的朋友？如果你不是抗拒所有同性的朋友，你會否抗拒與傷害你的人有類似特質的同性？

4.18 又或者你會否因此特別想與同性的朋友交往，很想在他們身上得到認同？

4.19 如果較多傷害你的人的性別與你不一樣，這又怎樣影響你對異性的看法，你又會否對異性會有點抗拒？如果你不是對所有異性抗拒，會否抗拒與傷害你的人有類似特質的異性？

父母對不同性別的不公平對待

4.20 你的家人對待不同性別的孩子是否有偏心、不公平？這又是否影響你對自己的性別的看法？

4.21 你曾否因自己的性別而遭受被拒絕？如果有，請寫下當時的情景：

4.22 請體驗主耶穌在你那些被拒絕的經歷中與你同在，請祂幫助和安慰你：

4.23 你可以求問耶穌，你的性別是否被祂所接納？你是否需要因自己的性別而感到羞愧？等候耶穌如何回應你的問題：

4.24 如果你不知道耶穌會如何回應你，你可以默想以下的經文：

我的肺腑是你所造的；我在母腹中，你已覆庇我。我要稱謝你，因我受造，奇妙可畏；你的作為奇妙，這是我心深知道的。（詩一三九 13~14）

求神引領你得到真理的亮光。

4.25 你能否充分發揮自己的男性及女性特質？有沒有抗拒某個性別特質？你有沒有抗拒自己的性別？你曾否詛咒自己的性別，希望自己屬另一性別？如果有，請寫下所曾詛咒的話：

4.26 如果你曾詛咒自己的性別／生命或詛咒自己或給自己負面的評語，這些詛咒／負面的思想需要被神釋放，你可以向神作以下的禱告或你可以寫下你自己對神的禱文：

親愛的天父：

我曾經詛咒自己：＿＿＿＿＿＿＿＿＿＿＿＿＿＿＿＿＿＿＿＿

或對自己有負面的評語：＿＿＿＿＿＿＿＿＿＿＿＿＿＿＿＿＿

＿＿＿＿＿＿＿＿＿＿＿＿＿＿＿＿＿＿＿＿＿＿＿＿＿＿＿＿

＿＿＿＿＿＿＿＿＿＿＿＿＿＿＿＿＿＿＿＿＿＿＿＿＿＿＿＿

我知道這些都不合乎祢的聖經真理，現在我知道我是按祢的形像所造；我是祢所寶貝的；我是被祢所愛的及被祢的愛子寶血所救贖的，現在的我是屬於祢的，所以我願意斷絕我曾發出的詛咒和負面的評語，不再被它所困擾，得到釋放，在基督裏宣佈我是被愛、被接納的兒女。就算父母家人、朋友不接納我，我仍然因主的愛接納自己。

祢的＿＿＿＿＿＿＿＿

我的身體

5

身體與我們的心靈息息相關，因此，我們的身體得到的對待，會影響我們的情緒、自我信念及自我形像，也影響我們對自己及別人身體的觀念的形成！

我如何看我的身體？

5.1 如果你可以用線條、圖案和顏色去形容你的身體，你會如何表達？

你會如何介紹自己的身體？

5.2 你喜歡圖畫中的它嗎？

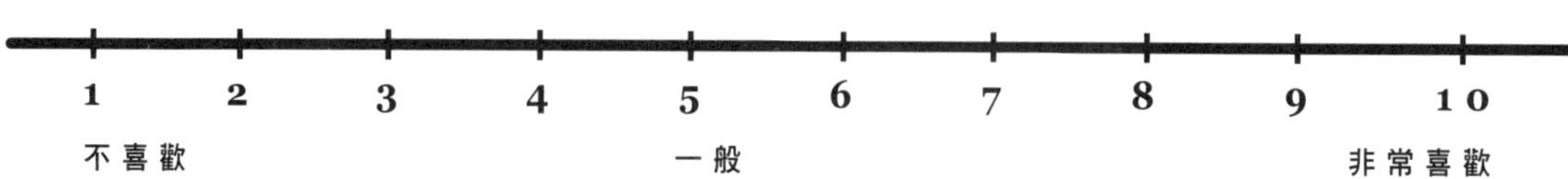

5.3 如果你可以改變你的身體，你會希望改變哪些部分？為甚麼？

5.4 回想你不喜歡自己身體的某些部分，是否因為你曾因它而被恥笑、奚落或比下去？

5.5 嘗試體驗在這痛苦回憶之中耶穌的同在，你可以將你難受的感受告訴祂：

5.6 耶穌會不會接納你被恥笑、奚落或比下去的部分？祂如何安慰你？安靜等候聖靈的安慰和提醒。

5.7 如果你不知道耶穌會否接納你不完美的部分，你可以默想以下經文：

我在暗中受造，在地的深處被聯絡；那時，我的形體並不向你隱藏。我未成形的體質，你的眼早已看見了；你所定的日子，我尚未度一日，你都寫在你的冊上了。（詩一三九15~16）

你的身體是按神的形像被造，是神奇妙的創作，非常獨特，背後的構造充滿神的慈愛的心思。你有甚麼話想對神説嗎？

5.8 你現在是否擁有健康的身體？童年時你的身體是否健康？是否曾經歷疾病，如哮喘；或入醫院開刀做手術？當時你感受如何？體驗耶穌與你一起面對這痛苦，祂怎樣安慰幫助你？過去的身體病痛，如何影響你現在怎樣看待自己的身體？

性侵犯、性引誘、或身體被傷害

5.9 你有沒有曾被人侵犯你的身體？這事如何影響你對身體的看法？有沒有改變你對待身體的方式？

5.10 如果你曾被性侵犯，在婚前保持貞潔的事上，你會較易遇上困難，你會較容易因害怕失去關係而妥協，在親密關係中未能持守適當的界限。你需要尋求專業的輔導，讓治療師處理及醫治被性侵犯的傷害，不再怪責自己，寬恕對方，不再以性作為關係的工具，將你的掙扎告訴神：

5.11 如果你在年幼時，曾不適當地接觸成人書籍、電影或性經歷，這些經歷會影響你會容易以自瀆或自慰去調節情緒的困擾。如果你有這些經歷，邀請耶穌與你一起回到那些經歷中，保護你不要再去陷入試探。你可以請耶穌、牧者、導師或輔導員向你解釋身體的生理反應，教導你正確地面對情緒困擾的方法。（參附錄三。）

5.12 回想你第一次的自瀆或自慰經歷，邀請主耶穌幫助你，將你的心靈上的孤單告訴祂，讓祂以愛來包圍你，使你可以經歷到神的愛能驅走一切的孤單虛空的感覺，從此不需用自瀆或自慰來安慰自己。

5.13 你的身體曾否被人傷害或毒打（包括父母的體罰），這如何影響你看和對待自己的身體？

5.14 當你的身體曾不被尊重，這又是否繼續影響你也不尊重自己的身體，或不尊重別人的身體？你如何不尊重別人的身體？

5.15 嘗試體驗耶穌與你一起面對被傷害的經歷，感覺祂的幫助，你可以將你的感受和需要告訴祂：

（如果你從未處理過身體被性侵犯的經歷，你需要尋找專業的輔導／治療幫助你，不宜單獨進行以下練習！）

5.16 耶穌知道你所受的傷害，你認為祂會有甚麼感受？祂會如何回應你？

5.17 如果你不知道耶穌會如何回應你，請默想以下經文：

耶穌看見她哭，並看見與她同來的猶太人也哭，就心裏悲歎，又甚憂愁，便說：「你們把他安放在哪裏？」他們回答說：「請主來看。」耶穌哭了。猶太人就說：「你看他愛這人是何等懇切。」（約十一33~36）

耶穌看見他所愛的人哭了，祂也因為你所受的傷害而與你一起悲傷，祂既可以叫拉撒路死而復活，你認為祂能把你從痛苦的深淵中拯救出來嗎？

5.18 耶穌如何幫助你，保護你不再被傷害？祂會如何以公平真理處理這個問題？

5.19 緊記，無論你是否須要為事件負上某部分責任，對方都不應傷害或侵犯你的身體。可能你並不同意這個說法，為了令你能定下清晰的適當界線，你可以嘗試問耶穌，在事件發生時，無論你的表現如何，對方是不是都不應傷害或侵犯你的身體？你認為耶穌會如何回應你？

如果你不知道耶穌會如何回答，你可以嘗試按聖經真理分析。如果這件事發生在別人身上，你作為第三者，你會如何回應？也可以去問牧者或屬靈導師，何謂適當的界線，傷害或侵犯他人的身體是否可以接受？然後再以禱告引證這答案是否合乎聖經真理。

5.20 在整件事件中你是否也有責任？你願意寬恕那些傷害你的人嗎？將你的情況告訴耶穌，如果你需要祂幫助，告訴祂。（可參考本書生命更新的祈禱，寬恕別人的禱文。）

5.21 如果你也曾傷害或不尊重別人的身體，你是否也需要向神認罪和向對方道歉？

我如何對待自己的身體

5.22 回想你過去用甚麼方式去表達你對自己身體的不滿？你曾否用言語詛咒自己的身體？那些詛咒的內容包括甚麼？

5.23 你是否用行為去虐待、傷害或忽略自己身體的需要？你怎樣傷害或忽略自己的身體？

5.24 你有沒有暴食、厭食或不定時進食等不顧及身體需要的習慣？你有沒有不顧及身體的健康，過量地吃下不健康食物？（如果你有暴食症或厭食症，你需要正視問題，尋求專業治療。）

5.25 你有沒有注意身體的姿勢？有沒有過度勞損肌肉、缺乏適當的運動和休息？

5.26 如果你曾詛咒、虐待、褻瀆或傷害自己的身體，請你默想以下經文：

豈不知你們的身子就是聖靈的殿嗎？這聖靈是從神而來，住在你們裏頭的；並且你們不是自己的人，因為你們是重價買來的。所以，要在你們的身子上榮耀神。(林前六19~20)

5.27 既然你的身體是被基督用祂的寶血贖回來，你對自己身體的詛咒和傷害是否也得罪神呢？你可以向神認罪，求祂的寬恕，並且不要再傷害聖靈的殿。

婚前或婚外性行為

5.28 你有沒有曾進行婚前或婚外性行為？事後你有甚麼感受？會否感到內疚、自責或得意？你如何理解自己的感受？

5.29 如果你感到自責內疚，你如何理解自己去進行性行為背後的原因？這與你曾在身體上被侵犯有關嗎？如果你認為這只是一個玩意，你又知不知道對方有甚麼感受？如果對方會感到自責內疚，你又會有何反應？

5.30 你認為這性行為對你有甚麼負面的影響？會影響你怎樣看自己嗎？你又怎樣看與你發生性行為的人？性行為怎樣影響你們彼此的關係？有沒有令你們的關係改變？如果你可以再選擇一次，你會不會作出同樣的決定？

5.31 你曾否因性行為而懷孕或令對方懷孕，而最終決定墮胎？這對你的生命有甚麼影響？你會否仍然怪責自己？

5.32 你曾否或是否願意因這性行為而向神認罪？你認為耶穌會有甚麼感受？祂會如何回應你？

5.33 如果你不清楚耶穌的回應，請默想以下經文：

於是各人都回家去了；耶穌卻往橄欖山去，清早又回到殿裏。眾百姓都到他那裏去，他就坐下，教訓他們。文士和法利賽人帶著一個行淫時被拿的婦人來，叫她站在當中，就對耶穌說：「夫子，這婦人是正行淫之時被拿的。摩西在律法上吩咐我們把這樣的婦人用石頭打死。你說該把她怎麼樣呢？」他們說這話，乃試探耶穌，要得著告他的把柄。耶穌卻彎著腰，用指頭在地上畫字。他們還是不住地問他，耶穌就直起腰來，對他們說：「你們中間誰是沒有罪的，誰就可以先拿石頭打她。」於是又彎著腰，用指頭在地上畫字。他們聽見這話，就從老到少，一個一個地都出去了，只剩下耶穌一人，還有那婦人仍然站在當中。耶穌就直起腰來，對她說：「婦人，那些人在哪裏呢？沒有人定你的罪嗎？」她說：「主啊，沒有。」耶穌說：「我也不定你的罪。去吧，從此不要再犯罪了！」（約八1~11）

5.34 既然神已經寬恕你，你又是否願意寬恕自己？如果你願意，但情感上卻未能做到，你可以求主幫助。如果你未願意去原諒，也可以誠實告訴耶穌。（可參本書生命更新的祈禱，寬恕自己的禱文。）

5.35 性關係是人與人靈魂體的聯合，因此，除了向神認罪外，需要以祈禱切斷不合宜的聯繫，不再被過往的罪的惡果捆綁你。你可以向神作棄絕和切斷的祈禱：

或你可以作以下的禱告：

主耶穌，多謝祢寬宏的慈愛，對我無條件的接納，不嫌棄我的醜陋，我知道我實在傷透了祢的心，令祢難過，甚至感到羞恥，然而祢仍然不離棄我，不判我的罪，祢只是張開祢的雙手，以祢的寶血救贖我，將我所犯的罪都歸在祢身上！我實在不配接受祢的大恩，我求祢幫助我不要再犯這罪，我將我的身體獻上給祢，從此，我身體的主權不再屬於我，乃是屬於祢。並且，我奉祢的名切斷以前與（請列出曾經發生性關係的人的名字）的聯繫，宣佈與（請列出曾經發生性關係的人的名字）斷絕因性而帶來的聯繫關係，也解除任何許下的諾言、誓言或詛咒，不再被控訴，因基督的寶血已掩蓋我的罪，杜絕一切不合乎神心意的影響，因祢的名解除這連繫曾經帶來種種的束縛！並且，祢的寶血潔淨了我，使我重獲自由，從此，我的生命是連繫於基督，祢是我生命的主，我是屬祢的！我是屬於主耶穌的！感謝讚美主！

5.36 你願意為自己做一個宣佈嗎？請寫下你的宣言：

或你可讀出以下宣言：

我的身體是神所喜悅的，並且我已被寬恕了，不再被定罪！我的身體是屬於主！從這一刻起，我願意善待和尊重自己的身體，也尊重別人的身體。不再用自瀆或自慰來安慰自己，也不用性去維繫關係，不試婚、不同居，不進行婚前和婚外性行為！

我的身分

6

身分是人際關係上一個重要的象徵，代表我在羣體中的位置、角色或地位。

6.1 如果你要用一種顏色、圖案或
條去代表你在原生家庭或家族
身分，你會如何將它表達出來？

這幅圖畫給你帶來甚麼聯想？一個回憶、故事或思想嗎？

6.2 如果你要用一種顏色、圖案或線條去代表你在學校或工作的身分，你會如何表達？

這幅圖畫給你帶來甚麼聯想？一個回憶、故事或思想嗎？

6.3 如果你要用一種顏色、圖
案或線條去代表你在教會
的身分，你會如何表達？

這幅圖畫給你帶來甚麼聯想？一個回憶、故事或思想嗎？

6.4 如果你要用一種顏色、圖案或線條去代表你在社會的身分，你會如何表達？

這幅圖畫給你帶來甚麼聯想？一個回憶、故事或思想嗎？

6.5 如果用一個圖案去象徵你的所有身分，你會怎樣去介紹自己？你的圖案會是甚麼形狀和顏色的呢？圖案上會有甚麼圖案或組成部分？嘗試把它畫出來。

如果可以用言語表達以上的圖畫，你會如何形容？

6.6 你會如何替圖案的不同部分命名？這些部分對你有多重要？請逐一給予評分：10分為最重要，0分毫不重要。

a. 評分：

b. 評分：

c. 評分：

d. 評分：

e. 評分：

6.7 嘗試介紹不同部分的你，以及他們在你生命中代表甚麼。

a.

b.

c.

d.

e.

6.8 為甚麼某些部分對你如此重要？求聖靈引領你去回憶一些曾發生的經歷，讓你明白你重視這些部分的原因。

6.9 你曾為你所擁有的身分而感謝神嗎？把他們為你帶來的祝福及幫助告訴神：

6.10 回想過往的經歷，你曾否因為缺乏某些外在的條件（例如：家庭背景、經濟能力、外貌、打扮等），而令你感到被拒絕、排擠或傷害？

6.11 嘗試體驗耶穌的同在，祂和你一起面對那些被拒絕、排擠或傷害的經歷，請祂幫助和安慰你：

6.12 你會不會害怕失去一些你認為重要的部分？若你真的失去了這些東西，你會有甚麼感受？如果你可以用線條、圖案和顏色去形容這感受，你會如何表達？後果又會是如何？

6.13 如果有一天，你如約伯一樣失去了所有重要的部分，例如：地位、事業、家人、金錢、健康、教會，你認為你會變成怎樣？你想像那情景會如何？如果你可以用線條、圖案和顏色去形容這感受，你會如何表達？你會如何支持自己繼續生活下去？

6.14 你付出了甚麼代價去維持這些對你而言十分重要的部分？

6.15 你願意放開這些對你重要的部分，將它們交到耶穌手裏嗎？請告訴耶穌當你放開了你認為很重要的部分，你會有甚麼感受？耶穌會如何回應你？試試想像，若你失去了你認為很重要的部分，可以給你帶來甚麼新的體驗？

6.16 檢視一下，哪些部分是你無論如何也不會失去的？哪些部分是會隨環境變遷而失去的呢？你會選擇以哪些部分成為你身分的倚靠？宣佈你的決定：

我愛的語言

每一個人的成長，在不同方面上，都有被愛的需要，然而我們的父母卻未必能夠完全滿足我們；因此，不被滿足的部分會成為我們內心最渴求的部分，一旦這個部分被滿足後，整個人就感受被愛，並且充滿能量，可以繼續往前努力，這就是愛的力量！蓋瑞．巧門（Gary Chapman）將這不同的形式愛的需要，命名為五種愛的語言：肯定的言辭、精心的時刻、接受禮物、服務的行動、身體的接觸。[1]

7.1 你最需要的，是以下哪一種愛的表達？

☐ 別人的稱讚

☐ 別人能夠明白自己

☐ 得到別人的禮物

☐ 得到別人的服務

☐ 身體被觸摸

如果你不肯定自己最需要的是哪一種愛的表達，請完成附錄四的愛的語言問卷，得分最高的，也是你心中最渴求的愛的語言。

7.2 回想你童年的經歷，父母常用哪種的形式去表達對你的愛？

7.3 在你童年時，你父母最少表達哪一種愛的語言？這是否也是你最渴求的愛的表達？

7.4 你是否接納自己需要這種愛的表達？如果要接納自己的需要，你會有甚麼感受，你會不會為自己的需要感到羞恥？請你用不同的顏色、圖案、線條將這感受表達出來：

7.5 你身邊親近的人是否知道你有此需要呢？你這種愛的需要是否常常得到滿足？當你得不到滿足，會有甚麼感受？請你用文字，或不同的顏色、圖案或線條將這感受表達出來：

7.6 如果你不是常常都得到滿足的話，你自己有沒有表達被愛的需要？你嘗試獲得愛的方法是否恰當？你用甚麼方法去抓住你需要的愛？

7.7 你認為你可以直接表達自己的需要，或尋找合適的羣體，從而使你得滿足嗎？如果你不能直接表達自己的需要，別人又如何能夠明白你的需要呢？

7.8 你會不會感到難於表達你的需要？為甚麼？如果要嘗試表達你的需要，會有甚麼感受？請用文字，或不同的顏色、圖案或線條，將這感覺表達出來：

7.9 這與你過去童年的經歷有關嗎？你有沒有因表達你的需要而遭受拒絕、被取笑或被責罰的經歷？

7.10 這些經歷會不會令你不敢再表達自己的需要，怕再被拒絕？或你會否因此而認為表達需要是自私和增加別人負擔的行為？

7.11 如果你認為表達自己的需要是自私、加重別人負擔的話；那麼，當別人向你表達他們的需要時，你會不會也認為這些提出的人是十分自私呢？

7.12 如果你發現自己很矛盾，可以接納別人向你表達需要，卻不容許自己向別人表達需要。這可能是因為你童年時曾因表達需要而被拒絕或受傷害，你可能曾因而告訴自己，以後不要再表達自己的需要，並且怪責自己的表達行為。你有沒有這樣的經驗？

7.13 你願意體驗主耶穌的同在，與你一起面對那次被傷害的經歷嗎？將你的感受告訴耶穌：

7.14 你表達自己的需要，是不是一個錯誤的行為，是不是你的錯？家人對你的拒絕合理嗎？你因而受的傷害，又是合理的嗎？你也可以問問耶穌，祂如何回應你的提問？

7.15 如果你不清楚耶穌的回應，你可以默想以下經文：

你們所需用的，你們的父早已知道了。(太六8下)

我的神必照他榮耀的豐富，在基督耶穌裏，使你們一切所需用的都充足。（腓四19）

從以上經文，你認為神是否接納我們的需要，並且願意充充足足地滿足我們？

7.16 如果你知道你承受的傷害是不合理的，你有甚麼感受？是憤怒？是哀傷？是沒有感受？如果你感受不到憤怒，你便需要將你感受憤怒的困難告訴耶穌。

7.17 如果你父母不能接納你的需要，你可以原諒他們嗎？可能他們自己的需要也未被滿足，他們被如此對待，因此也如此對待你。

7.18 如果你頭腦上願意原諒，但情感上未能做到，你可以求主幫助。也能宣佈你有願意寬恕的心！如果你未願意去原諒，也可以誠實地告訴耶穌，祂會按祂的時候幫助你改變！你也可以作出宣佈：我的需要是神所容許的！

7.19 你願意放開你所抓住的人或關係嗎？將你抓住的每一個人，逐一放在你的雙手中，交給主耶穌！將你需要的愛告訴耶穌，讓祂將合適的人帶進你生命中，學習去享受神的安排，以及祂透過你身邊的人給你的愛，而不是去抓住愛，將你的決定告訴耶穌：

我的心

每一個人的內心深處，都像一個花園，那個花園顯示你的真我。試想一下，你的內心花園是怎樣的？它是不是很隱閉的？那是因為你甚少去接觸它嗎？可能你需要多點時間去尋找它。又或者很荒涼？那是因為你很久沒有去探訪和灌溉它吧？或者是凌亂不堪，長滿雜草，需要打理？或者是整整齊齊，安然有序？它是色彩斑斕的，還是較為低調的？是一片平原，還是高低起伏？是迂迴曲折的小徑，或滿佈樹木的森林？

嘗試安靜去嗅聞其中的氣味：青草味或陣陣花香。感受一下當時的溫度：清涼、溫暖或炎熱。注意花園中的每一角落，一花一草，其中的擺設。聆聽其中的聲音：寂靜無聲、雀鳥爭鳴、被微風吹動的花草聲、或潺潺流水聲。也可以去摸摸其中的花草樹木，感受不同的質感。

8.1 嘗試讓主耶穌進入你的花園，與祂一同在花園裏，你有甚麼感受？

8.2 嘗試用顏色筆把這個花園描繪出來。(可參考附錄十。)

8.3 邀請耶穌與你一同去細看花園中的每一部分，留意哪些是你喜歡的，哪些是你不喜歡的。請告訴耶穌，你為甚麼不喜歡那些東西？它在你生命中象徵甚麼？

8.4 你可以問問耶穌，你是不是應該將你所不喜歡的東西從花園除掉？請主耶穌指示你該學習欣賞你所不懂欣賞的東西？還是那些東西不合乎祂的心意，應該除掉？你願意跟隨耶穌的指示去做嗎？

8.5 請耶穌指示你，除了你眼所見的部分之外，有沒有一些是隱藏未見的雜草、有毒的植物、荊棘或不該有的東西？你問耶穌該如何處置這些隱蔽的雜物。如果這些雜物需要被清除，你是否願意將它們除去？驟眼看來，你可能看不到甚麼雜草、有毒的植物或不該有的東西，但是如果你再留心觀看，邀請耶穌一起去小心檢視隱蔽的地方，你會慢慢找到。

8.6 嘗試把這些雜物清除或拔出，有些植物的根部很深，你可能需要耶穌的幫助和需要一些工具才能拔出，把你的需要告訴耶穌：

8.7 你可以問耶穌，每一件不被你欣賞、被拔出或移除的雜物，在你生命中代表了甚麼？代表你不接納的部分，或你內心的恐懼嗎？你懼怕甚麼？請為這些雜物逐一命名。

a.

b.

c.

d.

e.

8.8 追溯這些雜物在甚麼時候開始住進你的內心花園。它存在已經很久嗎？他們是在甚麼情況下形成的？

8.9 你願意將這些雜物交給主耶穌嗎？耶穌會如何處理它們？

8.10 如果你暫時未能完全掉棄它們，你可以與耶穌商量，找一個當眼的地方，暫時放置在那裏，以後再決定如何處置它們。

8.11 經過一番挖掘和移除，花園的地上可能有一些下陷的洞口，你希望怎樣填補這些洞呢？你想放些甚麼？泥土、草皮或種些新的植物？

8.12 清理完這些東西後，再細看內心的花園，感覺如何？可以再尋問耶穌，還有隱藏未見的東西需要清理嗎？

8.13 再細看清理後的花園，你是否感到滿意？除了移除這些雜物，你想再添置一些新的東西嗎？你認為理想的花園是怎樣的？請告訴耶穌：

8.14 你想添置的那些東西，在你生命中象徵甚麼？將你的需要和心願告訴耶穌：

8.15 耶穌如何回應你？祂喜歡你花園的新貌嗎？如果你不清楚耶穌如何回應你，請默想以下經文：

神就是光，在他毫無黑暗。（約壹一5）

你的花園是否完全被神的光照亮？

我的夢

夢是潛意識的具體表達，我們可以透過夢去更深明白自己；神也會透過夢將祂的信息告訴我們。而且，夢境將潛意識的掙扎浮升到意識層面，人繼而邀請耶穌醫治，是醫治潛意識的安全方法。[2]因此，如果想更深明白自己的夢，每天早上起床，立即記下當晚的夢，盡量記下全部細節，特別注意夢中的感覺以及所有的影像和這些感覺有關的觀念。夢往往是一系列，並且重複地發生，直到被醫治後，才會自然停止。然後可以透過禱告或以下一些練習，幫助自己更明白其中的意義。（請參照《曠野之旅》附錄一。）心理學裏其中一種解夢的方式，是將夢中每一個角色理解為自己的一部分，可以透過了解每一個的角色，去更深明白不同部分的自己。

每晚睡覺前，你可以禱告神讓你更深體驗祂的愛，並且讓你更開放自己內在的潛意識給耶穌，請祂幫助你更明白自己的恐懼，更明白祂的心意。或你可以作以下的禱告：

「耶穌，我將我的潛意識開放給祢，請醫治我，在我的睡眠中，使我像海棉一樣沉浸在祢的愛中。如果我還有任何地方不能吸收祢的愛，祈求祢讓我夢見它。」[3]

然後放鬆每一塊肌肉，進入耶穌的愛中，直至感到身體像海棉一樣，每一小孔都充滿祂的愛。明天早上起床，神氣清爽，你腦裏還記得昨夜的夢嗎？快點記下來。

9.1 請你記下一個經常做的夢（惡夢並不適合）：

9.2 如果用播放電影的方式，讓你再一次經歷這個夢境，你能注意到甚麼之前未留意的細節嗎？你有甚麼新的發現？你可以將整個夢境描繪出來。

9.3 你會如何理解這個夢？

9.4 夢中有多少個重要角色？角色不一定是人，也可以是物件，甚至是大自然的景物，例如：海、土地、雲、沙灘。留意夢中有甚麼人、物或東西，對你是有意義的？把他們列出來：

a.

b.

c.

d.

e.

9.5 嘗試先選其中一些較為重要的角色，然後嘗試代入這個角色來介紹自己：你是誰？你有甚麼感受？你與其他角色的關係如何？你有甚麼特徵？有甚麼功能？你怎樣看自己和其他的角色？

a.

b.

c.

d.

e.

9.6 祈求聖靈給你亮光，讓你看到不同的角色是否代表不同部分的你。你是否也有這些角色的特質？嘗試不要去批評這些特質是否好與壞，求聖靈給你一個開放的心去承認自己是否有這些特質：

a.

b.

c.

d.

e.

9.7 如果你也有這些角色的特質，請給每個角色一個名字，嘗試為每一個角色命名。為你對他們的接納程度作個評分：0分代表完全不接納，10分代表非常接納。

a. 評分：

b. 評分：

c. 評分：

d. 評分：

e. 評分：

9.8 祈求聖靈給你亮光，為甚麼有一些部分是不被你接納的呢？

這些部分過往是不是曾被人拒絕，恥笑或離棄？嘗試寫下其中一個較清晰的記憶。

9.9 你願意體驗耶穌與你一起面對這個痛苦的經歷，請祂來安慰和幫助你！你希望祂怎樣幫助你？

9.10 如果你一直認為，這些經歷是因自己有這些被人討厭的表現而起的話，你可嘗試去問耶穌，這責任是不是真的該由你負全責，還是傷害你的人也應負上責任？你應負上哪些責任，不應負上哪些責任？就算你有些地方不是做得太好，對方是否可以因此而傷害你呢？其實每一個人都有些不好的地方，是否每一個人都要因這些地方而被傷害呢？

9.11 嘗試問耶穌是否也會拒絕你不好的部分，祂會怎樣回應？如果你仍然不知道耶穌會如何回應你，請你默想以下經文：

惟有基督在我們還作罪人的時候為我們死，神的愛就在此向我們顯明了。現在我們既靠著他的血稱義，就更要藉著他免去神的忿怒。（羅五8~9）

9.12 如果這件事在今天再次歷史重演，你會不會有不同的反應？你會怎樣去處理？如果你不清楚，可以求神給你智慧。如果你是「弱的我」，你可能需要學習平心靜氣表達你憤怒的情緒（而不是哀哭或受委屈），然後向對方表示，如果仍然再傷害你，你會設立界限，在關係上保持距離。如果你是「壞的我」，你可能需要表達哀傷的情緒（而不是罵人或發脾氣），表達你真正的需要和目的，嘗試化解不必要的誤會。

9.13 嘗試寫一封信給傷害你的人，向對方承認你的不足，並且表達在這事件中，你的感受和傷害。嘗試表達你當時的需要和目的，並且向對方表示，如果對方再次傷害你，你會如何設立界限，保護大家不再彼此傷害。

9.14 回想這個回憶，你會否仍然責怪自己或對方？你是否希望從這個傷害中得釋放？告訴耶穌，你不想再捆綁自己或對方，求祂幫助你去寬恕自己或對方：

9.15 如果因為傷害太深，令你覺得感受上很難去寬恕，你只要告訴神你願意去寬恕，神會幫助你去成就祂的旨意。（可參本書生命更新的祈禱，寬恕自己的禱文。）

9.16 面對一些令你情緒非常困擾的夢（惡夢），你可以邀請耶穌幫助你，有祂的陪伴，你心裏有甚麼感受？你有甚麼需要，可以告訴主耶穌，祂會幫助你。

9.17 如果你常常發惡夢，你可以每天晚上睡覺前，向耶穌禱告，讓你更深感受祂的同在和祂的愛，就算你發了惡夢，你也可以邀請耶穌以後都在你的夢境與你同在，也可以請聖靈提示你，甚至可以在夢中呼求耶穌的幫助，危險中向耶穌發出求救！你認為耶穌會如何回應你的請求？

第一部分總結：**潔淨的生命**

當我們的自我認識能被聖經真理照明，生命便會因認識及順服真理而得潔淨：「你們既因順從真理，潔淨了自己的心。」（彼前一22）所以，在本書第一部分，分別從自我形像、情緒、性格、身體、性別、身分、愛的語言、心及夢等範疇，讓你逐一進行檢視：分辨哪些想法是因被傷害而造成的詛咒、錯誤的評估或扭曲的思想，以致造成對自己的拒絕和不接納；哪些是自己應該負上責任，或神想你改變的地方。這些經歷都要被神的真理去照明、被耶穌醫治，以致我們不再活在黑暗中，請為你以下每一個層面的你祈禱和祝福：

9. 我的夢

- 感謝神透過夢向你說話，求神讓你有一個渴求的心，去尋求祂，以致更深明白，神在每個夢背後的心意。
- 宣佈你願意將你的夢和潛意識開放給神，讓聖靈完全掌管，成為聖潔。
- 宣佈你願意求聖靈去照明你心中的眼睛，使你可以真正認識神，認識真理。（林前二10~11）

8. 我的心

- 感謝聖靈居住在你的心裏，使你從罪和死的狀態中復活過來（羅八11），進入新生命的狀態。
- 為你隱藏未現的罪和私慾向神認罪。求聖靈繼續顯示，鑑察你，知道你的心思；試煉你，知道你的意念。看在你裏面有甚麼惡行沒有（詩一三九23~24），讓你的心完全活在光中。
- 如果你曾經去接觸過靈界的活動，你的心可能被邪靈所控制或影響，你需要向神認罪，並且宣佈與他們斷絕關係，並且求聖靈檢視任何留下的痕迹，清理一切連繫的物件和關係。
- 神邀請你：「我兒，要將你的心歸我；你的眼也要喜悅我的道路。」（箴二十三26） 宣佈你的決定！

奉獻

宣佈

7. 我愛的語言

- 為神放在你身上每一個愛你的人而感恩，也為你能夠去愛你身邊的人而感恩！
- 為你需要被愛而感謝神，因為神就是愛，我們是因著神的愛而被創造，而我們的生存目的是為了回應神的愛，被創造的渴求與創造主在愛中結合，就是真正的回家！
- 為你不接納和不敢表達自己被愛的需要求神寬恕。
- 為你不斷用自己的方法去抓住人的愛而向神認罪，求聖靈給你勇氣如何直接表達自己的需要！
- 宣佈你願意向神敞開你愛的需要，願意相信神完全的愛能充充足足地滿足你所有需要！
- 宣佈：「耶和華也必時常引導我，在乾旱之地使我心滿意足，骨頭強壯。我必像澆灌的園子，又像水流不絕的泉源。」（賽五十八11；已將經文中的「你」改為「我」）

6. 我的身分

- 為你能夠成為神的兒女的身分感謝耶穌基督，因祂的寶血，得蒙成為神的後嗣（羅八15），並且賜給你天上各樣屬靈的福氣。（弗一3）
- 為你沒有尊重和看重自己是神的兒女的身分，仍然過著奴僕的生活，仍舊害怕，而向神認罪，因為你沒有活出你的身分，那就是：被揀選的族類、君尊的祭司、聖潔的國度、屬神的子民。（彼前二9）
- 宣佈基督釋放了我，叫我得以自由。所以，我要站立得穩，不要再被奴僕的軛（世上的名利得失）挾制！（加五1）
- 你願意重申向人宣佈你是神的兒女的身分，一生為主而活！

潔淨的生命

感恩

釋放

1. 我的形像

- 為你的形像感謝神，因為你是按著神的形像而被創造的！（創一27）
- 為你現在或曾經不接納自己而向神認罪，因為在神的眼中，你是寶貴的（賽四十三4），且有榮耀尊貴的冠冕！（來二7）
- 宣佈你所不被接納的部分，已被基督的寶血遮蓋，你已成為新造的人。（林前五17）
- 你願意將你不接納的部分奉獻給神，不再用自己的方法改變自己，完全放手，被神重新的塑造。

2. 我的情緒

- 為你的情緒感謝神，因為這情緒是神所賜的，幫助你管理這個世界，並且能夠與祂及人建立關係！
- 為你不願意接納自己真實的情緒向神認罪，因為「神就是光，在他毫無黑暗」。（約壹一5）
- 宣佈你願意放下你的防衛機制，將你痛苦的感受帶到耶穌的面前，求祂醫治你！
- 你願意不再因過往的痛苦情緒和經歷而埋怨，不再用此作籌碼，要求得到人或神的補償，讓神按祂的心意醫治你嗎？請宣佈你的決定！

3. 我的性格

- 為你的性格感謝神，因為你所想所做的一切，神都鑑察和認識，然而神仍然以祂的慈愛環繞你。（詩一三九1~5）
- 為你不接納自己的性格而向神認罪，因為神是因你的笨拙、軟弱、卑賤、被人厭惡而揀選了你。（林前一27~28）
- 如果你仍然堅持要靠自己的努力去改善自己的性格，那你過往的痛苦將會延續下去！
- 宣佈你願意將你不接納的性格奉獻給神，讓祂完全掌管你的生命！

4. 我的性別

- 為你的性別感謝神，因為無論是男或女，在基督裏都成為一了。既屬乎基督，無論是男或女都要照著應許承受產業。（加三28~29）
- 為你不接納自己的性別向神認罪，因為你在暗中受造，神已經揀選了你，看見你未成形的形體，神已覆庇你，你的名字已經寫在生命冊上。（詩一三九13~16）
- 神在創立世界之前，在基督裏揀選了你（弗一4），使你成為聖潔，沒有瑕疵，你要為此宣佈：「感謝神我是一個女人／男人！」
- 你願意將自己的性別獻在祭壇上，讓神重新在你生命中建立男性／女性的形像嗎？宣佈你的決定！

5. 我的身體

- 為你的身體感謝神，因為這身體是神用重價買贖回來，要在你的身子上榮耀神。（林前十八20）
- 為你不接納自己的身體，及沒有好好的照顧自己的身體向神認罪。因為你不再是身體的主人，你的身體其實是聖靈的殿。（林前六19~20）
- 你願將你身體獻上給神，「將肢體作義的器具獻給神」（羅六13）嗎？宣佈你要尊重和愛顧自己已獻上給神的身體！
- 宣讀：「神的旨意就是我要成為聖潔，遠避淫行；要我曉得怎樣用聖潔、尊貴守著自己的身體。」（帖前四3~4；已將經文中的「你們」改為「我」）

潔淨生命的整合

因著過去被受傷害及個人的罪，你的生命被扭曲；然而，這個被扭曲且不完美的你，卻因此而認識神，被神改變。並且，因你的不足，你可以經歷如何去倚靠聖靈的大能，從而得著豐盛的生命。（約十10）

1. 寫一封信給神，感謝祂為你預備的一切，告訴祂你在這一部分中與祂一同走過的路，以及你心中的感受。這個經歷帶給你甚麼反省？你對自己、人及神有甚麼新的認識？帶動了你心中甚麼渴求？向神説出你心底的話：

2. 寫一封信給自己，宣佈自己的生命是潔淨的：你被神接納的正確形像；你的情緒是神賜給你的禮物；你的性格讓你更能經歷神的慈愛和聖靈的大能；你的身體是聖靈的殿；你的性別是神所賜的，充分表達神所賜的男性／女性特質；你的身分是神的兒女、君尊的祭司；你的心和夢歸於耶和華，全部屬祂，被祂所掌管。

3. 如果可以用一幅圖畫去表達你被潔淨後的生命，這幅圖畫會是怎樣？（可參考附錄十。）

第 二 部 分 ：
過去的我

與祢同行生命中的憂怒哀樂

回望曾經與祢走過的路：
有崎崎嶇嶇，有兜兜轉轉，
有歡笑、有眼淚、有焦慮、有憤怒，
我卻不解祢的愛，兒時苦澀的日子，
為何容讓我在黑暗中呻吟？
祢從沉默中提醒我，
我一切的痛苦祢已經歷過，
我是否願意讓祢進入過去黑暗的苦澀中，
醫治我的創傷？

對苦難滿肚子的積怨，
無法接受祢的恩惠，
幫助我放下我的執著，
擁抱祢給我的醫治，
不再糾纏於傷痛中，
願意寬恕一筆勾銷。

感謝祢的愛改變了我；
感謝祢的真理照亮心中黑暗；
感謝祢的靈釋放了我；
感謝祢！祢的名我要宣佈！

研究人類成長不同階段的心理學家艾瑞克森（Eric Erikson）認為孩童在不同年紀有不同的成長任務：嬰孩學習信任父母會給他日常的需要；一歲至三歲的孩童開始明白父母和自己是獨立個體，有不同的需要，孩童開始注意自我意識，學習獨立自主行動，包括走路、吃飯、上廁的訓練；上幼兒班的孩童學習主動自發性去認識世界和週遭的事物；上小學的孩童要面對學校的生活，開始建立自我信心去應付繁重的功課壓力；青春期的中學生開始注意自我形像的發展，尋求生命的價值和答案；成年至三十五歲則學習與人建立親密關係；中年人側重發揮所長、建立事業；老年人對生命的總結作出最後的圈點，享受耕耘所結的果子。

艾瑞克森的研究指出，個人的健全成長，是基於每個年紀階段是否能完成所需的任務。任何一個階段的成長困難，會阻礙以後階段的成長，所以，嬰孩是否能夠建立對人與世界的信任是最基要的。如果缺乏一個可信賴安全關係的支持，要建立自主獨立性、自發性、自信心及自我形像則非常困難。

以關係來主導其理論的心理學家都一致認為，嬰孩要對人建立基本的信任，需要有一對非常細心的父母，他們要洞察嬰孩的個別需要，按他的品性回應他，嬰孩便會從經驗中發現，父母是可以信靠而且了解其需要，對他們產生信任的關係。這個信任的關係，是孩童日後面對不同階段的成長任務的主要力量。每當孩童遇到挫折和失敗，他們可以回到與父母建立的信任關係，從中得到支持和接納。所以，如果父母和兒女的這個基本關係建立得不好，除了導致孩子得不到必須的支持外，還要面對不被明白、不被接納和不被肯定！

這個部分會先從生命線和家庭圖去綜合生命的前半生，然後再檢視艾瑞克森所提出的首六個不同年紀的成長階段：[1]

生命的八個階段

階段	心理與社會的危機	道德	重要的關係範圍
嬰兒期 2歲止	基本信賴 對 基本不信	希望	母親
幼兒期 2~3歲	自主 對 害羞與懷疑	意志	父母親
戲齡期 3~5歲	主動 對 罪惡感	目的	基本家庭
學齡期 5~12歲	勤勉 對 自卑	能力	鄰居、學校
青春期 12~18歲	身分認同 對 身分認同的迷惑	忠實	同輩團體和其他團體的領袖模範
青年期 18~35歲	親密 對 孤獨	愛	友情、性、競爭與合作的伴侶
成年期 35~65歲	創造力 對 停滯	照顧	分工與共有的共同生活
老年期 65歲以後	完整 對 絕望	智慧	「人類」、「我的同類」

我的前半生

與耶穌一起，按時序回顧你的一生中曾發生的重要事件。你可以把每一件事，按你當時發生的年紀，以及你的情緒反應的強烈度，劃在以下生命線上。

請將重要事件按時序列成1至30項，以數目字代表該事件。橫軸是你的年紀，由左而右，左面是出生，至最末端是你現今的歲數。直軸顯示你的情緒反應：-5是極度負面的情緒反應，+5是極度正面的情緒反應。請依時序及情緒反應，將代表該事件的數目字放到表中的合適位置，然後將它們連接起來，成為你的生命線：

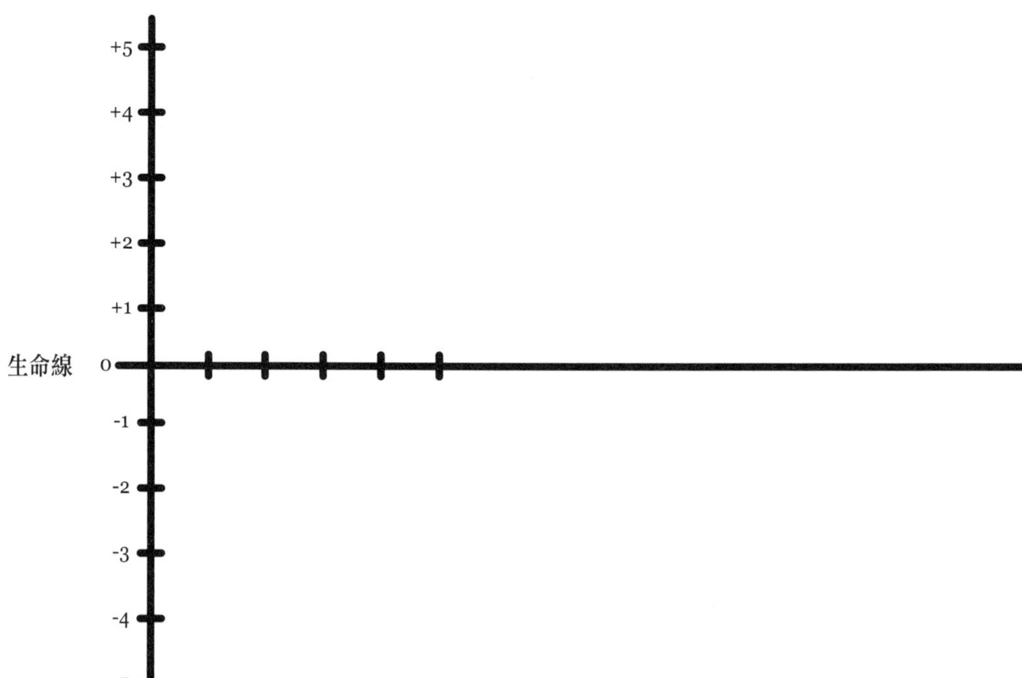

1.
2.
3.
4.
5.
6.
7.
8.
9.
10.
11.
12.
13.
14.
15.
16.
17.
18.
19.
20.
21.
22.
23.
24.
25.
26.
27.
28.
29.
30.

1.1 對於你的童年生活，你最早的回憶是：

1.2 你的童年生
是怎樣的？
果可以用不
的顏色或線
去畫，或用
些不同的材
剪貼一幅圖
去表達的話
那幅圖畫會
怎樣的？

1.3 如果你聯想起一些深刻的回憶，那些是甚麼經歷？回望你的圖畫，哪部分代表你兒時的喜樂？

1.4 在圖畫裏，哪一部分代表了你兒時的哀傷？如果你聯想起一些令你哀傷的回憶，那些是甚麼經歷？

1.5 哪一部分代表了你兒時的憤怒和不平？如果你聯想起一些令你憤憤不平的回憶，那些是甚麼經歷？

1.6 哪一部分代表了你兒時的恐懼和憂慮？如果你聯想起一些令你恐懼和憂慮的回憶，那些是甚麼經歷？

1.7. 回望你童年的圖畫，你是否感到被愛？

1.8 在出生至十九歲期間，你曾遇上甚麼使你感到挫敗的經歷？這些經歷可以是你與家人、同學或朋友的關係，例如家人的死亡、分離或離異等等。請列出其中最重要的五項相關經歷，並記下你當時的感受和反應。

童年時的挫敗	你的感受是……	你的反應是……
1.	1.	1.
2.	2.	2.
3.	3.	3.
4.	4.	4.
5.	5.	5.

1.9 依據以上的生命線的資料：寫一篇你前半生的故事，分享你生命中的經歷，你所經歷的高低起伏、刻骨銘心的回憶，以及迂迴曲折的路程；分享你當中走過的心路歷程，傾訴你心中的歡欣、委屈、憤怒、憂慮和苦痛。然後請你以一句説話總結自己前半生的故事！

總結：

1.10 你在重整過往的故事，反思過往經歷的過程中，你有甚麼新發現，或對所發生的事有甚麼新的理解？

1.11 你過去的經歷如何影響今天的你，有哪些是你的遺憾？有哪些是你所感恩的？請告訴耶穌：

我的原生家庭

請按附錄五的指示，與耶穌一起去畫出你的原生家庭圖，先從你自己的原生家庭開始，然後再把它連接到你祖父母的家庭，包括你的叔伯姑母等，最後再加入你曾祖父母的家庭。你未必能夠追尋到上兩代的完整資料，但請你盡力而為，因為這些資料可以幫助你明白自己為何會成為今天的你。

家庭圖

當畫完家庭圖的基本結構後，可加入以下資料：

- 統計性資料
- 相關性資料
- 關鍵性家庭事件（可寫到頁118的表格內）

在下列的家庭年表中，順序列出家族中發生的大事：

年份	簡述家庭大事

家庭圖

2.1 請畫一間屋。（畫畢後可參考附錄九的講解。）

2.2 在你家族成員中，有沒有人有酗酒的問題、賭博的習慣、性濫交、婚外情？這些的行為反映家族裏的甚麼問題？賭博在你的家族聚會中有何功能？這個經歷又如何影響你？

2.3 有沒有一些一再重複在你的家族裏發生的事件？例如在不同輩份裏都曾出現的相同事件，又或是在同輩之中一再出現的相同情況。描述在你的家族中所發生相關及重複的事件，從中發現上一代的歷史不知不覺在下一代又重複發生。

2.4 這個經歷又如何影響你？

2.5 嘗試去整合你的生命線與你的原生家庭圖，從中去理解你家庭的背景如何影響今天的你：你的價值、取向、性格、觀點角度、處事模式、選擇及世界觀。

2.6 如果要你為你的原生家庭及你所擁有的而感謝神，你會為哪些人、事和物而感恩呢？

我的家庭成員

2.7 請在下列表格中，描述嬰孩時照顧你成長的人。（如果主要照顧你的人並不是你的父母，請你在其他那一項上列出與你的關係有如父母般重要的照顧者。）他們在家庭中扮演的角色、與你的關係，以及他們的性格和特質（例如熱心、可愛、大方、緊張、缺席、批評或冰冷）：

照顧者	扮演角色／與你的關係模式	正面性格和特質	負面性格和特質
父親			
母親			
其他			

2.8 在以下的空格中，填寫三項你最期望從照顧者身上得到的東西。例如：更多尊重、更多時間、對我感興趣、談心的時間、信任、多表達情緒、更多自由、保護、寧靜的家、更多的愛、更輕鬆的相處方式、幽默感。

1.
2.
3.
4.

2.9 如果你嬰孩期寄居在祖父母或保母家，幾歲後才回到自己的家庭，可能會不容易適應或難以投入自己的原生家庭。你是否感到未能與家人建立親密關係，並且容易感到自己是被遺棄，父母偏愛其他留在家中的兄弟姊妹？

2.10 描述你在原生家庭中的排行，你所扮演的角色、你和兄弟姊妹的性格及彼此的關係模式。你的兄弟姊妹之間的關係是如何？是彼此支持、互相競爭、勾心鬥角或各行己路？

家庭成員	扮演角色／與你的關係模式	正面性格和特質	負面性格和特質
我			

2.11 父母有沒有偏心？誰是家中的幸運之星？誰是家中的代罪羔羊？誰是父母是最疼愛的？這又如何影響你們彼此的關係？

2.12 如果你是獨子或獨女，這又如何影響你的成長經歷？

2.13 或者你可以用一幅圖畫去表達你與家庭成員彼此的關係模式。（可參考附錄十。）

2.14 從以上的家庭圖中，找出其他重要的人物，然後描述每一個人物在家中扮演的角色、描述他們與你的關係，以及他們各自的性格和特質：

名字	扮演角色／與你的關係模式	正面性格和特質	負面性格和特質

2.15 綜合你與重要家庭成員的關係如何影響今天的你的性格、與人相處的模式及對人的看法？

我的家庭關係模式

2.16 試分析你父母的婚姻關係：

他們的相處模式	
權力分配	
責任承擔	
扮演角色	
表達關愛	
處理衝突及分歧	

2.17 他們的婚姻關係如何影響今天的你？

2.18 分析你家庭成員中的重要三角關係：例如當兩個人的關係出現緊張狀態時，其中一個當事人去拉攏第三者來平衡彼此的張力，又或是當「和事佬」的人如何疏導其中張力。這種現象在家庭中經常發生嗎？請在下面的三角形中填寫三角關係的主角的名字。如果有多過一個三角關係，請也畫在以下的空位中。如果三角關係有共通的主角，請也於圖表中顯示出來。

2.19 這種三角關係的模式如何影響今天你與家人及其他人的關係？

2.20 你父母如何管教兒女？他們的管教方式對你有甚麼影響？

2.21 你的家人習慣以權力去控制彼此的關係嗎？家中各人是否可以自在地表達自己的意見或感受？有哪些事情可以自由表達，又有哪些是禁止談及的？這又如何影響今天的你？

2.22 在家庭或家族中，有哪些規條是必須遵守的？如果不遵守，會有甚麼後果？

從我的家庭關係捆綁中被釋放

2.23 如果今天你仍然糾纏在家庭的三角關係中，你願意嘗試放手，讓有衝突的雙方直接對話去解決他們的矛盾嗎？或者你仍然糾纏與某一個家庭成員的關係中，你願意嘗試放手，讓對方去承擔責任或行為的後果嗎？如果你是「弱的我」，你可能恐懼放手會失去關係；如果你是「壞的我」你可能擔心這會令他們傷心，怕他們難受。那麼，你打算如何落實進行這放手的計劃？

2.24 倘若你發現今天的你仍然受制於原生家庭的影響，你認為你可以怎樣脫離這些影響，成為一個獨立的個體？你有自由的意志和選擇，不再被家人和家庭的問題控制和影響你的自由權嗎？請用一幅圖畫描述你現時與你家人的關係，以及如何被他們影響著你。

2.25當你回答上一條問題時，你心裏浮現了甚麼感覺和思想？

2.26向神陳明你渴望活出自由的心願，求聖靈給你智慧，讓你去剪斷不合神心意的綑綁。你可以作以下的禱告：

主耶穌：

我感謝祢，藉著父母賜了生命給我，也感謝他們對我的關心和照顧，撫育我成人；他們的保護，使我平安成長；他們的教導，使我明白事理。衷心感謝祢賜給我的恩惠和保守，並感謝父母為我所付出的種種辛勞和愛心。

但是我父母（或照顧者）並不是完美的人，他們的性格也有缺陷，雖然他們想盡力愛我，然而仍然帶給我心靈的傷害，我們至今仍然被這些傷害轄制著我們的關係，以致彼此互相轄制，形成一種不健康的關係模式。那些出於控制和恐懼的心態，使我們在心理與情緒上有不合乎祢心意的糾纏，主，求祢幫助我切斷不合乎祢心意的連繫，請祢進入我和＿＿＿＿＿＿＿＿關係中，調整我對他（她）的心態，去除一切不正常的束縛和牽連，使我重獲內心的自由。並且按祢的真理，孝敬＿＿＿＿＿＿＿＿，使我的心靈完全歸屬於祢。耶穌，我讚美祢、感謝祢！

家族的遺產

2.27 也為你祖先或家族遺傳給你的一些好習慣、禮物、信念或傳統向神獻上感恩和讚美：

a.

b.

c.

d.

e.

2.28 你的家庭或家族，有沒有一些祕密是不能向外人洩露的？那是甚麼？

2.29 你的家庭或家族裏，誰是最不被愛的？誰在臨死前也不感到被關愛（自殺、突然死亡、戰爭中遇害或精神病）？

2.30 家族中有沒有發生墮胎、流產或嬰兒夭折等事情？為胎兒舉辦簡單哀悼儀式是甚為重要的，讓家人可以安心將胎兒或嬰兒交託給神，並且可以對胎兒表達心中未了的話，以免累積不能表達的哀傷在家庭成員中間。（請參附錄六。）

2.31 你的家庭是否蘊藏了一種羞愧感，令你覺得及不上別人，或者不能抬起頭做人？這羞愧感源於何處？這對你的自我形像有甚麼影響？

2.32 除了個人的自我醒覺以外，也為家人的不足之處禱告，寬恕家人曾對你的影響或傷害，這祈禱可以堵住罪的影響，令罪不再延伸下去！安靜反思以上的問題，讓聖靈引領你為不同的人或事禱告，將你對他們的內心感受告訴耶穌：

a.

b.

c.

d.

e.

2.33 你可以為你家族求醫治和祝福：

主耶穌，祢來到世上，降生為一個猶太人，祢也承載了猶太人的信心、堅強和親密的家庭關係，作為祢的家族禮物；請祢指示我，我的家族遺傳了甚麼祝福和禮物給我；讓我也與祢一起，為每一位家庭成員，以及他們所存留給我們的，而感恩讚美；也請祢指示給我看，我的大家庭也曾使我在其中受傷害，或是因各種不合真理的信念而影響了我的成長。但祢有憐憫的心腸，求祢恩待這個家族，降福給我們，求祢以慈愛吸引我們，我們的心回轉歸祢，求祢興起這家族的成員，成為祢的僕人，終身事奉祢。奉主耶穌的名而求，阿們。

母腹中的我

以下涉及的問題可能連你自己也不知道如何回答，你可能需要去詢問你的家人。面對一些新的資料，你的反應可能難以預料，因此，建議你在小組中或與屬靈友伴或導師的陪伴下進行以下的習作。如果有些問題無法回答，也沒有人可以提供答案，你可以略過不答。

新的生命在母腹中受孕形成，直到出生，這過程實在是一個新生命的重要開始。雖然我們大部分人都不會記得母腹中的經歷，然而整個懷胎誕生的歷程，對嬰孩的心理及生理有重大的影響。因此，母親在懷胎的過程中，如何面對週遭的問題，讓胎兒有一個平靜安穩的心，是非常重要的，它對胎兒有嚴重的影響。心理研究顯示，母親懷胎時的壓力類型，與嬰孩出世後的情緒及身體問題有直接關係，會影響嬰孩性情較為急躁、過度活躍，或體重較輕、腸胃、睡眠及餵哺問題。[2] 而持續的夫妻不和，對胎兒的影響是最為深遠和嚴重的。[3] 懷胎時母親焦慮或抑壓的情緒會增加嬰孩或幼兒有睡眠問題的機會，[4] 而睡眠的質素也影響孩子的情緒及行為問題，例如：抑鬱、過度活躍或焦慮。相關的研究發現壓力會增加荷爾蒙的分泌，這會破壞孩子大腦某類作為信號調整內在時鐘細胞（suprachlasmatic nucleus）的形成，如果這個系統被影響，不能正常調整每天生活的作息，睡眠、醒來或飢餓。

3.1 你知道母親懷著你的時候，遇過甚麼事情嗎？你是母親的第一胎，還是她已經有生產的經驗？

3.2 母親懷你時，心情如何？你是父母計劃要生育的孩子？還是一個意外驚喜？當時你的家庭環境如何？經濟穩定嗎？家人的關係和洽嗎？有沒有外在環境問題的困擾？

3.3 父母對你的性別有沒有特別的期待？他們有沒有因你的性別而感到失望？你是不是母親流產或墮胎後的第一個孩子？

3.4 在母親懷孕期間，有沒有所愛的家人離世？父親在母親懷孕期間，有沒有外遇、離去或死亡？

3.5 母親在懷孕期間有沒有健康的飲食習慣？例如她有沒有戒口？避免食寒涼或燥熱的食物？或服食藥物、吸煙、酗酒或嗜飲咖啡？

3.6 以上這些外在的因素都會影響母親的情緒。如果母親對於將要生孩子一事感到非常恐懼，那麼，她的情緒狀態會便會影響母腹中的你，可能令你性格比較容易緊張和恐懼。你未必意識其影響，你可以禱告尋問神，這些因素今天是不是仍然影響著你？如果是，你可以祈求神醫治你：

3.7. 我們從詩篇一百三十九篇了解到，你母腹中，神已揀選了你。你在暗中受造，神一直與你同在，一同經歷這奇妙的過程：

我若說：黑暗必定遮蔽我，我周圍的亮光必成為黑夜；黑暗也不能遮蔽我，使你不見，黑夜卻如白晝發亮。黑暗和光明，在你看都是一樣。我的肺腑是你所造的；我在母腹中，你已覆庇我。我要稱謝你，因我受造，奇妙可畏；你的作為奇妙，這是我心深知道的。我在暗中受造，在地的深處被聯絡；那時，我的形體並不向你隱藏。我未成形的體質，你的眼早已看見了；你所定的日子，我尚未度一日，你都寫在你的冊上了。(詩一三九**11~16**)

因著神的創造奇妙和對你的無微不至的愛，這刻你心中有甚麼感受？你願意如何回應主對你的愛？你可以如大衛一樣向神發出你的讚美和感恩：

3.8 如果你對你的過去的記憶感到困擾，你可以重複以上的默想練習。當不安全的回憶浮現時，你可以呼求耶穌，將你的感受和需要告訴祂，讓祂去安慰和保護你。

然後你可以按你的情況選擇合適的項目並禱告：

主耶穌，我感謝祢，因為祢是昔日、今日、將來，直到永遠不變的神，祢是跨越時空的主，所以祢可以醫治我過往的生命創傷。我的生命或是始於父母愛的行為，或是始於父母的罪或錯誤行為，

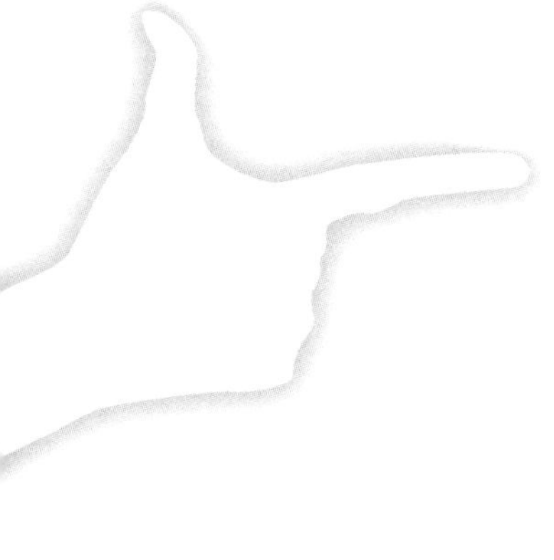

但你由始至都完完全全地接納我。即使我的父母並不期待我的出生，但你也視我如珍寶，並使我不再延續父母的包袱，不再認為自己是被拒絕、不被接納。如果我仍然陷入這種不被接納的情緒中，求祢以真理教導我，使我知道我是祢所寶貝的。

求祢讓我知道祢與我同在，即使我還在母胎中尚未成形，但你已看顧我，你知道我曾經歷的痛苦和困擾。我在母腹中，受著我父母當時的健康狀況、生活際遇、生活選擇的影響：或許他們的生活環境惡劣，也許母親為著我這新生命而緊張或操勞，也許父母性格不相配而關係緊張……這些都是由母親的身體或情緒的狀況影響著我。這些影響可能使我恐懼、不安、委縮、甚至不願意出生。主耶穌，求祢的同在安慰我細小的心靈，使我感到平靜安穩，使我明白祢是我的磐石、我的依靠，在祢裏面我一無所缺。

主耶穌，我感謝讚美祢！因為祢的同在也醫治了我在生育過程中所受的痛苦和傷害。母親可能要經過幾小時或幾天的產痛，這些經驗都會影響到我。我也可能要經歷到難產，或要用器具幫助才能出生，然而祢的眼目卻從未離開我片刻，讓我感受到祢的保護和隨時的幫助，消除心中的恐懼和不安，直到我呱呱落地的那刻。

可能我的性別與父母所期待的不同，他們可能期望我是個男孩，可是卻生下一個女孩；或者他們期望我是個女孩，卻生下一個男孩。或者我的性別使他們蒙羞。又或我的樣貌不夠俊美可愛，以致他們有點失望。這些都會令我厭惡自己，心中存著一股罪惡感。主耶穌，多謝祢的真理告訴我：我的性別是祢的創造，我是按祢的形像所造，成為男人或女人。我是祢所喜悅的、看為美好的，因此，我不用再感到羞愧，我是祢所期待的孩子。多謝主耶穌，也求祢安慰我父母的失望和痛苦，使他們能明祢的真理，相信祢已將最好的賜給他們。

主耶穌，我衷心感謝祢，阿們！

3.9 你出世時是否足月？整個生產的過程是否順利？還是異常的痛苦或複雜？是否須要催生或剖腹？你出世時，有沒有臍帶繞頸或併發症？如果你證實自己真的有這種經歷，請祈禱主耶穌來安慰你當時的感受：

3.10 回想剛才祈禱默想的過程，你有甚麼想感謝神？

3.11 你可能埋怨神為甚麼讓你由成孕、出生及至成長的過程如此困難。請默想以下經文：

我是在罪孽裏生的，在我母親懷胎時候，就有了罪。（詩五十一5）

耶和華說：我必使你痊愈，醫好你的傷痕。（耶三十17）

3.12 雖然你的生命可能受父母的罪孽所影響，然而神卻應許必醫治你的傷痕：祂的愛要充滿你心中的空洞，祂的寶血要照明你心中的黑暗。你是否願意邀請祂進入你內心的空洞，完全地充滿你的心，請告訴祂：

當你感受到神這刻的充滿，嘗試更開放自己，用深呼吸去吸入更多神的愛和同在。

3.13 如果當中有些經歷令你在母親的腹中或生產的過程受到傷害，雖然你未必能夠回想起那些記憶，但是天父的愛可以幫助你去寬恕他們有意識或無意識的傷害，讓你成為家庭蒙福的管道，將神的愛帶到你的家人當中，你可以宣佈你決定寬恕，並且祝福他們：

嬰孩的我

4

嬰孩是人生第一個階段，也是最重要的階段。這個階段的任務就是對人和世界建立基本的信任。雖然嬰孩未能明白語言，但是對外面環境的變動仍然敏銳，儲存在大腦的情緒記憶路線，形成對人或世界的主觀感受。這主觀感受漸漸形成對人或世界的信任程度，影響深遠。這亦會影響日後能否有足夠的信任度與別人慢慢建立關係，並且也影響他們對神的信任。

嬰孩的皮膚是最大及早期形成的感覺器官，透過身體的接觸，嬰孩可以建立關係上的連繫。當嬰孩其他感覺器官也發展成熟後，便不單止靠身體接觸來建立連繫，更可透過眼神、表情、笑容和言語去建立關係上的連繫。心理學家鮑爾比（J. Bowlby）認為，人的安全感的建基於嬰孩出生後與母親或照顧者的聯繫，[5]安斯沃思（M. D. S. Ainsworth）基於鮑爾比的理論，設計了一個實驗研究：[6]在一個陌生的環境裏，母親離開一歲大的孩子三分鐘，有些孩子在母親離開後會發出抗議，母親回來後加以安慰，便可以繼續玩耍；有些孩子對母親的離開也會提出抗議，但即使母親回來，他們亦不肯受安慰；有些孩子則對母親的離開和回來沒有很大的反應。於是，從研究中發現了三種聯繫的模式，那就是：安全的聯繫（即第一類小孩）、含混的聯繫（即第二類小孩）和退避的聯繫（即第三類小孩）。（這三種模式的詳細資料可參考附錄七。）

4.1 從以上三種聯繫模式的表現方式，你認為自己較接近哪種聯繫的模式：

- ☐ 安全的聯繫
- ☐ 含混的聯繫
- ☐ 退避的聯繫

4.2 如果你可以用顏色和圖案
代表嬰孩的你，你會如何
達？怎樣形容她／他？

4.3 你是不是經由餵哺母乳長大的？你聽過你嬰孩的故事嗎？是誰照顧你？是母親、祖父母、傭人或托兒所的嬸嬸？還記得一些他們照顧你的片段嗎？

4.4 嬰孩時吃奶的過程順利嗎？你是否容易入睡？身體是否有很多不適？是否需要進出醫院，接受不同的儀器治療和針藥？你曾否需要留院照燈或做手術？

4.5 你可能已經不記得你嬰孩時與母親或照顧者的關係，但是，你可以從現在所採用的聯繫模式，或可以從家人中搜集資料了解自己嬰孩時的可能狀況。這令你對自己嬰孩時期與照顧者的關係，是否有更深的認識和體會？

4.6 你是否不喜歡被人觸摸？不喜歡與人有身體上的接觸？如果是，你可能需要祈禱，讓自己回到小時候，被抱在耶穌的懷中，你感覺如何？在耶穌的懷中的你大概有多大？

4.7 你仍然有一些嬰孩時的回憶嗎？如果這些回憶令你感到不安或難受，你可以體驗主耶穌的同在對你的幫助，祂也曾經經歷嬰孩時無助的過程，祂會明白你的感受和需要。

4.8 因著天父對你的完全的接納和無微不至的愛，這刻你心中有甚麼感受和心願，你會如何回應你的主，你可以由心底向神發出你的讚美和感恩：

4.9 分離是不是你家庭中常見的現象？面對分離的情境，你會有怎樣的情緒反應？請與附錄七作一對照，看看自己的的聯繫模式與成長和情緒反應之間的關係。

4.10 如果你對分離的情境有情緒反應，那你可能在成長時未能與母親或照顧者有安全的聯繫，你可以默想以下經文：

我在暗中受造，在地的深處被聯絡；那時，我的形體並不向你隱藏。(詩一三九15)

你的手創造我，造就我的四肢百體……你以皮和肉為衣給我穿上，用骨與筋把我全體聯絡。你將生命和慈愛賜給我，你也眷顧保全我的心靈。(伯十8上、11~12)

當你知道你在母胎時，已經在地的深處與創造你的主建立了安全的聯繫，這刻你可以求神用愛去填補你心中的空洞，讓祂完完整整地充滿你。你有甚麼感受？

4.11 你也可能有些分離的傷痛需要處理，回想孩童時的一些分離經歷，你可以體驗主耶穌和你一同面對傷痛的經歷、安慰你：

4.12 如果有些經歷令嬰孩的你難以建立對人的信任，天父的愛可以幫助你去寬恕那些有意識或無意識傷害你的人。如果你未願意去原諒，也可以誠實告訴耶穌，祂會按祂的時候幫助你改變，你現在可以發出寬恕的宣佈，無論那些傷害是你記得或不記得的，別人是有意識還是無意識的。

4.13 按你的情況選擇合適的項目並禱告：

親愛的天父，感謝祢，因祢如母親般細心看顧我。生命最初幾個月的時候，還是嬰孩的我，非常脆弱，需要與母親有親密的聯繫。但是，我的母親可能因為工作／忙碌／旅行／疾病／離婚／死亡，而未能給予穩定的母愛，即是如此，祢也補足我、醫治我，並在我人生中一直幫助我，從嬰孩直到如今。

我或曾因肚餓而哭喊，卻也無法立時換來奶水；尿濕了的尿布，令我不舒服。天父，祢卻為我準備了靈奶，以祢大能的手溫柔地包裹我的身體，使我心中喜樂。

若我的父母或照顧我的人不在我身邊，我因恐懼而無助地放聲痛哭時，天父的手會緊緊包圍著我；讓我知道：我不孤單，天父的眼從未離開過我，我一切的需要都在祂的安排之中。

主耶穌，感謝祢如此的愛我，若我受苦，祢的心也和我一起傷痛，因祢明白我的痛苦，而且也曾到世上來，一一經歷這種苦痛。祢的鞭傷成為我的醫治，以致我可以安穩地依靠祢的愛漸漸成長！為此，我衷心感謝讚美祢！阿們！

幼兒的我

5

當嬰孩漸漸成長，開始建立信任之後，便進入第二階段（大概由十八月至三歲）。這個階段的成長任務是學習自主權，孩子開始意識自己是獨立個體，也是孩子喜歡說「不（No）」的時期，他們開始表達自己的意願！當母親或照顧者不尊重孩子的意願或不滿足他們的期望，便會容易形成羞愧感。

如果在這個階段的未能建立自主權，會影響孩子否認自己的意志，對自我產生懷疑，不能漸漸學習獨立，並且對自己的需要感到羞愧，經常在爭取自己的需要和否認自己的需要中掙扎，常處於調節自己還是要別人調節的行為矛盾中。這個階段的成長目標是怎樣能夠有尊嚴地活在自我控制之中。

5.1 你幼兒的性格是怎樣的？

☐ 恐懼　☐ 害羞　☐ 依賴　☐ 順從　☐ 開朗

☐ 活潑　☐ 創意　☐ 大膽　☐ 其他：＿＿＿＿＿＿＿＿

5.2 你認為幼兒的你有多少自主權？你的需要和意願是否被尊重？可能你已經不記得幼兒的經歷，你可以去訪問你的家人父母、兄弟姊妹或親戚，他們怎樣描述你？

5.3 如果你發現自己常常質疑自己，對自己缺乏肯定，那麼，可能你仍未完整地完成這個階段的成長任務。你可以將你幼兒時期的成長歷程，當中的感受和學習都交給主耶穌，並且安靜等候和傾聽聖靈的安慰和提醒。

5.4 請默想以下經文：

主——耶和華啊，你是我所盼望的；從我年幼，你是我所倚靠的。我從出母胎被你扶持；使我出母腹的是你。我必常常讚美你！（詩七十一5~6）

你是否相信神一直在暗中扶持和看顧著你？

5.5 雖然你未必記得三歲前的事，但是你可以回想一些孩童時被否定或被羞辱的經歷。或你可以用力握著拳頭，請聖靈幫助你回憶過往一個帶著同樣張力的事件，然後體驗主耶穌安慰你、幫助你、化解你的張力。

5.6 當你的需要、想法或感受被否定後，你可能認為自己所表達的是錯誤的，並且覺得羞愧，嘗試把你的結論與聖經教導作一比較，你的結論是否合乎真理？如果你沒有錯，你便要宣佈正確的結論：

如果有一部分是你的錯誤，你可以告訴耶穌，看祂怎樣回應你？如不清楚耶穌的回應，可以默想耶穌用甚麼態度糾正馬大錯誤的思想：

他們走路的時候，耶穌進了一個村莊。有一個女人，名叫馬大，接他到自己家裏。她有一個妹子，名叫馬利亞，在耶穌腳前坐著聽他的道。馬大伺候的事多，心裏忙亂，就進前來，說：「主啊，我的妹子留下我一個人伺候，你不在意嗎？請吩咐

她來幫助我。」耶穌回答說：「馬大！馬大！你為許多的事思慮煩擾，但是不可少的只有一件；馬利亞已經選擇那上好的福分，是不能奪去的。」(路十38~42)

5.7 你願意寬恕這些否定或羞辱你的人嗎？如果你理性上願意，感性上未能，你可以求耶穌給你能力，如果你未願意去原諒，也可以誠實告訴耶穌，祂會按祂的時候幫助你改變，你現在可以宣佈你願意去寬恕的意願：

5.8 當你清理完這些帶有傷害的回憶後，可以正式宣佈自己的自主權是神喜悅的，並且是祂賜給你禮物，你可以憑信心接受：

5.9 按你的情況選擇合適的項目並禱告：

主耶穌，雖然我的家人及父母都有心去愛惜我，但是他們有時或許未能明白幼兒的我的需要。兩歲的幼兒對家中的所有東西都感好奇，喜歡去觸摸不同的物品，我也一樣。可是，我的家人不一定有時間陪我玩，或教導我不同的新事物；因為時間不足，他們或會覺得我好麻煩，不准許我做這做那，甚至可能會罵我。親人的責罵會使幼兒羞愧，自覺是一個壞小孩！主耶穌，多謝祢明白我，並且肯定我的好奇和好動是出於祢所創造的自然反應。祢也幫助我學懂，無論幼小的我遇到甚麼，祢已幫助我走過成長的路，直到如今。現在我長大了，比幼兒時的我更懂情理。我明白到若家人曾因時間不足／過於忙碌／缺乏認識，而傷害那時的我的話，我願意原諒他們！主耶穌，求祢將祢的愛補足家庭中每一個人，讓我們可以彼此相愛！阿們！

孩童的我

6

當孩子建立自主權後，進入第三階段（三至五歲），這階段的成長任務是培養孩子的自發性，能面對社交關係的挑戰，掌握照顧自己和為自己負責任的任務，形成對生命的目標。如果孩子未能建立自發性，便會變成被動、害羞、容易內疚和循著規矩和受制於角色的規限，缺乏動力和創作力，生命會變成缺乏目標。

這個階段的孩子容易因批評和懲罰而將自己視為壞孩子，不只不喜歡做錯的事，並且不喜歡那些做錯事的人，因此形成不健康的內疚，容易過分將不是自己的錯歸咎到自己身上，或對別人的錯過分憤怒。孩子需要經歷父母寬恕的愛，雖然父母不喜歡孩子所做的錯事，但他們仍然愛他們的孩子，並寬恕他們！以致孩子也希望長大後，像自己的父母一樣，有足夠的能力，承擔自己的不足和限制。

6.1 孩童的你是否可以自由地表達你的自發性？描述一些你孩童的回憶。

6.2 孩童的你曾否為自己的錯感到很內疚，或極度不滿意別人犯錯？你曾否感到你所犯錯不能被原諒？

6.3 你在幼稚園的生活如何？你與老師及同學的關係是否愉快？這是你在家庭之外的社交圈子裏，如何處理與別人的關係？

6.4 如果你發現自己非常被動、害羞、循規蹈矩、缺乏創新和嘗試的心，可能你仍未完成這個階段的成長任務。如果你上個階段未能做好，也自然影響你在這個階段的學習。嘗試回想孩童時期曾因自發行為或創作表現而被拒絕或傷害的經歷，體驗耶穌的同在和安慰：

6.5 當你因自發行為或創作表達受到拒絕時，你可能歸咎於自己，變成容易內疚的情緒，你需要將這內疚的結論與聖經的教導作一對照，你的結論是不是合乎真理？如果你所表達的並沒有錯誤，你便要宣佈，自己的表達是正確的：

如果有一部分的表達可能是出於你豐富的想像力，但卻不合乎當時環境的事實，你可以告訴耶穌，看祂怎樣回應你。

6.6 如果你真的犯了錯，而又想去表達你的歉意，你會如何表達？

6.7 你願意寬恕這些傷害你的人嗎？如果你理性上願意，感性上未能，你可以求耶穌幫助你，給你能力。如果你未願意原諒，也可以誠實告訴耶穌，祂會按祂的時候幫助你改變。你可以宣佈你有願意寬恕的心：

6.8 當你清理完這些帶有傷害的回憶後，可以正式地宣佈自己的自發性是神所喜悅的，並且是祂賜給你的禮物，你可以憑信心接受：

少年的我

當孩子的自發性被培養後，進入第四個階段（大概為六至十二歲）。這個階段的成長任務是建立勤奮的心態，對自己的能力有一定的肯定。孩子在建立自發和自主的過程中，進入學校的生活裏，開始學習在羣體中去找尋自己的位置，學習去掌握社交的問題、理智分析的技巧及完成學業上的要求。當孩子能夠掌握所學習的內容，並且能夠有好的表現時，就會建立起自信心。如果孩子未能肯定自己的能力，便會容易變得自卑、退縮、不敢進入同儕的競賽中，自然孤立自己。學校不只用知識和技巧去建立學生的自信，也是讓學生經歷與同學和老師分享學習樂趣的地方！

7.1 如果用一幅圖畫去描述你的小學生活，那會是一幅怎樣的圖畫？

7.2 你怎樣描述小學時期的你？你對自己的能力有多肯定？你的才能有被發挖出來嗎？請描述：

能力：

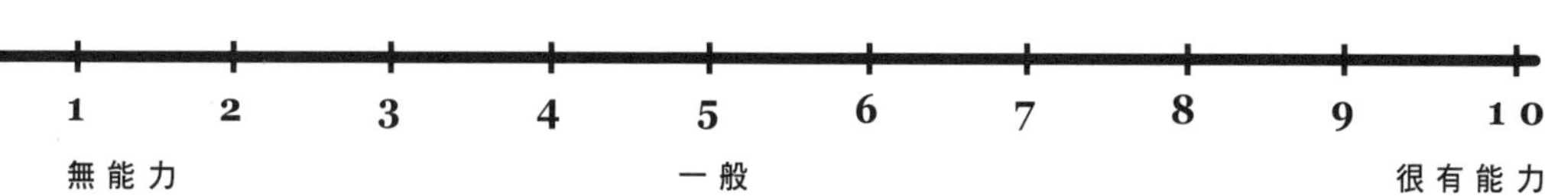

7.3 在你的小學生活中，有沒有一些被肯定和獎勵的經歷？

7.4 在你的小學生活中，有沒有一些被罵、取笑、責打或不平等對待的經歷？

a.

b.

c.

d.

7.5 對少年來説，除了學校生活之外，其實家庭對少年的影響仍然很大。當時你的家庭生活又如何？你有沒有感到孤單？或者遇到被罵、取笑、責打或不平等對待的經歷？你可以用一幅圖畫表達。（參附錄十。）

7.6 在每一個被傷害的回憶之中，在你的傷痛之中，體驗耶穌的同在，將你心底的感受告訴耶穌，然後請耶穌安慰和支持你：

7.7 你可以邀請耶穌說一句公道的說話。你認為耶穌會如何回應傷害你的人？

7.8 如果你不肯定耶穌會如何回應，你可以去問問身邊的屬靈禱伴、導師或牧師的意見，他們如何回應？

7.9 默想以下經文：

有弟兄來證明你心裏存的真理，正如你按真理而行，我就甚喜樂。我聽見我的兒女們按真理而行，我的喜樂就沒有比這個大的。（約叁 3~4）

只要按真理去理解，聖靈就在我們當中工作，你有些甚麼說話想對傷害你的人說呢？

7.10 回望小學的生活中，你為哪些經歷而感恩？可以告訴耶穌：

7.11 回望小學的生活中，你有一些遺憾嗎？可以告訴耶穌：

7.12 如果你發現少年的你感到自卑，能力不被肯定，任何的傷害在這階段會損害我們的自信，令我們感到有障礙。你可以再回想一些孩童時期被咒詛、責罵、羞辱、不公平對待和令你認為自己無能的經歷，並嘗試體驗耶穌的同在和安慰。

7.13 如果你成長的其中一個問題是你怎樣努力讀書但成績依然不理想，你可能有學習障礙而不自覺：例如有數學障礙的人很難理解數學原理和應用；有部分讀寫障礙源自於眼部視力的接收有問題，所以看文字容易跳行、看錯及寫錯字，或眼睛容易疲倦，又或手部肌肉配合困難，令字體不美觀或書寫困難。這些障礙並不明顯，往往並未為人所認知，因此，你可能得不到幫助之餘，還會被罵為懶散、愚蠢。如果你的傷害源自於學習障礙，那對你是不公平的，而且緊張的感覺會令你的表現更差，形成心理陰影。如果你因為這些障礙或其他原因，而學業成績不理想，耶穌會如何為你說一句公道的說話？

7.14 這些咒詛、責罵或羞辱的說話，需要被神的話語潔淨，你需要放下不合乎真理的信念，不再被它們欺騙，重新肯定在主基督裏你是有能力和勤奮的人：

7.15 如果你的學業問題有部分是你自己的失責，你可向耶穌陳明，請祂寬恕你：

7.16 你也需要為你要負的責任，向那些因此而感到痛心的人道歉。你會如何表達？

7.17 你願意寬恕這些傷害你的人嗎？如果你理性上願意，感性上未能，你可以求耶穌加你能力。如果你未願意原諒，也可以誠實告訴耶穌，祂會按祂的時候幫助你改變。你可宣佈你有願意寬恕的心：

7.18 然後你可以按你的情況選擇合適的項目並禱告：

主耶穌，請你醫治我在學校中曾受到的創傷：當我第一次離家上學時，心中感到非常害怕，因為從來沒有和家人分離。我可能比較害羞和膽怯，不知道如何跟不認識的老師或小孩子交往。在教室中我可能感到被拒絕、不被接納，甚至被人嘲笑、批評，以致我開始退縮，不敢在羣體中說話。在學校裏，有些老師對學生有很高的要求，而且態度非常嚴厲。老師的言語也可能傷害我的心靈，導致我害怕老師，害怕權威，不敢表達自己的意見。在求學的過程中，或因錯誤判斷或不公平，而令我無辜受罰。主耶穌，請你醫治我這一切的創傷，幫助我明白同學和老師也有不完全，他們需要我的寬恕。求祢也幫助我打開因這些創傷而關閉已久的心門，教導我以開放和自由的方式輕鬆地與別人交往，不再因緊張而拙口笨舌。

主耶穌，我父母也可能將他們未能達成的心願加諸我身上。當我考得好成績的時候，他們便對我定下更高的標準，無論如何努力，我總不能達到父母的期望，令他們滿足。又或者，自己也屢次因為考試成績不理想，而感到很挫敗、想放棄。我感到自己難成大器，內心充滿很大的自卑感。求祢幫助我明白，我的價值並不在於成績，也不在於是否可令他人滿足，而是在乎祢。求祢醫治我的創傷，叫我能夠因祢珍愛我而把自己看得合乎中道，並且經歷學習的樂趣，而熱愛學習，特別愛慕學習祢的話語。阿們！

7.19 當你清理完這些傷害的回憶後，可以宣佈自己是有能力的，這能力是神所賜的，也是神所喜悅的，你可以憑信心接受：

7.20 你的基本人格在十二歲時已有雛型，如果你要用不同的線條、圖案和顏色去形容十二歲的自己，你會怎樣表達？

青年的我

8

當少年的我的能力被肯定後，進入第五階段（大概由十二至十八歲）。這個階段的成長任務是建立自己的身分：建立一套自我的價值觀、尋找我是誰，確立如何成為一個自主的個體。正如建立信任是嬰孩進入孩童期的重要基礎任務，建立身分是青年進入成年的基石。這個階段需要重整過去所學習的模範和所接受的理論，開始真誠地面對自己。如果少年人未能建立自己的身分，便會容易誤入歧途、迷失方向、自我放棄，對將來感到無望，更形成負面的身分認同。

在成長的歷程中，有一條無形的臍帶連繫著孩子與父母的愛。在心理上，嬰孩完全依賴，亦完全信任父母，到漸漸長大後，孩子仍然需要被父母的愛去建立。如果父母未能給予足夠的愛和接納，就算孩子已長大成人，但是心理上的臍帶仍然存在，繼續渴求得到父母的愛和接納，因此，情感上仍未能獨立和自主，也難以完成這階段的任務，未能有自主的決定，或以反叛行為去連繫與父母的關係。這心理上的臍帶，並不容易割斷，因為這會牽引過去得不到足夠的愛而造成遺憾和哀傷，保留無形的臍帶，仍然會帶來一絲的盼望。

8.1 你的中學生活如何？你會用哪些字去形容你的中學生涯？

8.2 你的預科和大學生活是怎樣的？你會怎樣形容這段歲月？（如沒有入讀預科和大學，可跳至下一題。）

8.3 在中學生時代，你有多肯定自己的能力？

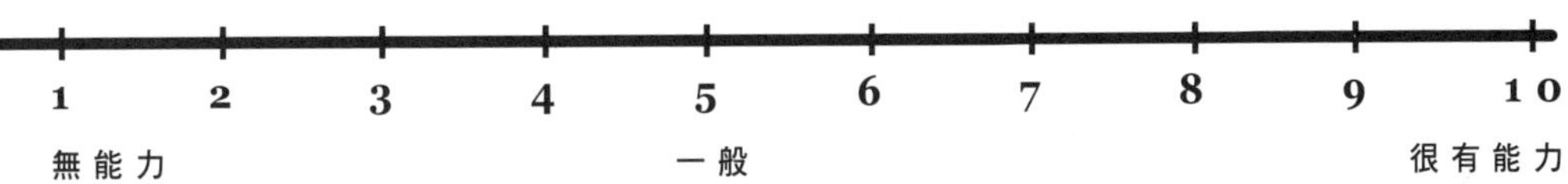

8.4 在預科及大學時代，你有多肯定自己的能力？

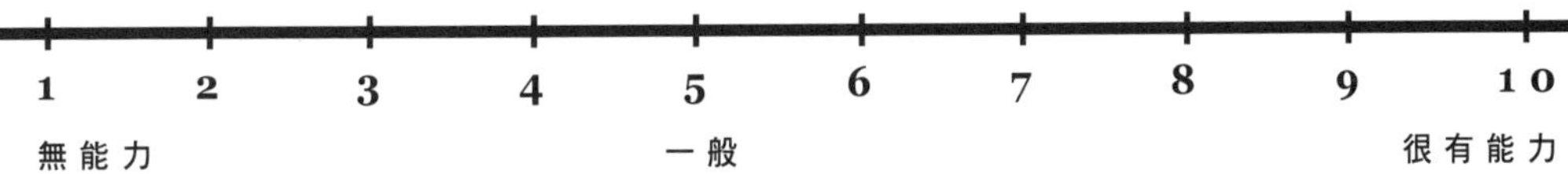

8.5 你與中學同學的關係有多愉快？

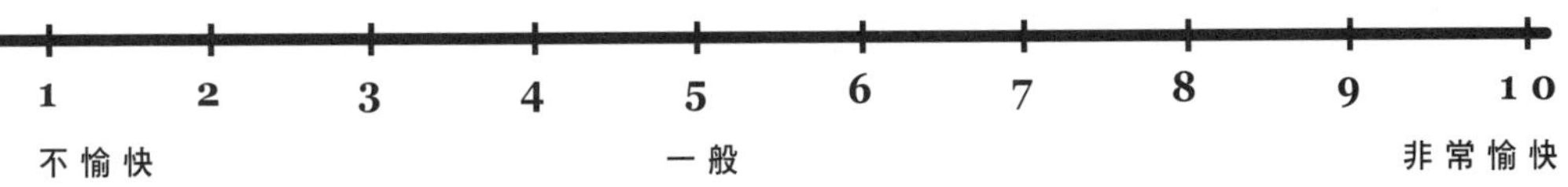

8.6 你與預科及大學同學的關係有多愉快？

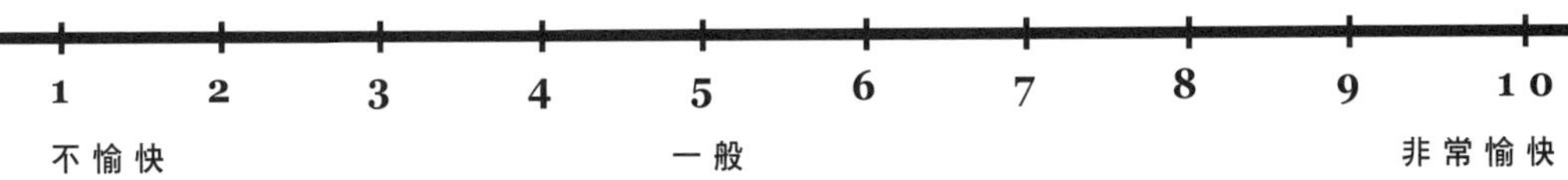

8.7 描述學校生活裏的一些被肯定的正面經歷：

8.8 描述學校生活裏的一些被罵、取笑、羞辱或不平等對待的負面經歷：

8.9 在每一個傷痛的回憶中，嘗試邀請耶穌去安慰和支持你，請祂說一句公道的說話：

8.10 只要按真理去理解整個問題，你有甚麼話想對那些傷害你的人說嗎？

8.11 你在學校生活中有甚麼遺憾？請告訴耶穌：

8.12如果可以再重頭開始，你在學校生活裏會作出甚麼改變？

8.13青年的階段總有一些反叛的行為或錯誤的抉擇，你有沒有怪責自己作出錯誤的決定？現在回望，在這條迂迴的路上，你失去的是甚麼？

8.14從屬世的角度看，你可以失去很多；但是從屬靈或整體的角度看，錯誤的決定亦能給你另一種的經驗和體會。那體會是：

8.15默想以下浪子的故事：

耶穌又說：「一個人有兩個兒子。小兒子對父親說：『父親，請你把我應得的家業分給我。』他父親就把產業分給他們。過了不多幾日，小兒子就把他一切所有的都收拾起來，往遠方去了。在那裏任意放蕩，浪費資財。既耗盡了一切所有的，又遇著那地方大遭饑荒，就窮苦起來。於是去投靠那地方的一個人；那人打發他到田裏去放豬。他恨不得拿豬所吃的豆莢充飢，也沒有人給他。他醒悟過來，就說：『我父親有多少的雇工，口糧有餘，我倒在這裏餓死嗎？我要起來，到我父親那裏去，向他說：父親！我得罪了天，又得罪了你；從今以後，我不配稱為你的兒子，把我當作一個雇工吧！』於是起來，往他父親那裏去。相離還遠，他父親看見，就動

了慈心，跑去抱著他的頸項，連連與他親嘴。兒子說：『父親！我得罪了天，又得罪了你；從今以後，我不配稱為你的兒子。』父親卻吩咐僕人說：『把那上好的袍子快拿出來給他穿；把戒指戴在他指頭上；把鞋穿在他腳上；把那肥牛犢牽來宰了，我們可以吃喝快樂；因為我這個兒子是死而復活，失而又得的。』他們就快樂起來。那時，大兒子正在田裏。他回來，離家不遠，聽見作樂跳舞的聲音，便叫過一個僕人來，問是甚麼事。僕人說：『你兄弟來了；你父親因為得他無災無病地回來，把肥牛犢宰了。』大兒子卻生氣，不肯進去；他父親就出來勸他。他對父親說：『我服事你這多年，從來沒有違背過你的命，你並沒有給我一隻山羊羔，叫我和朋友一同快樂。但你這個兒子和娼妓吞盡了你的產業，他一來了，你倒為他宰了肥牛犢。』父親對他說：『兒啊！你常和我同在，我一切所有的都是你的；只是你這個兄弟是死而復活、失而又得的，所以我們理當歡喜快樂。』」（路十五11~32）

嘗試代入浪子的角色，感受父親對你接納的愛！無論你做了甚麼錯事，只要你願意回家，父親仍會為著失而復得的兒子，滿心歡喜地奉上無條件的愛和接納。

你是否可以原諒自己錯誤的決定？宣佈你對自己的寬恕：

8.16 如果你發現青年的你感到迷惘、無助、沒有信心，你可能你仍未完成這階段或之前的階段的成長任務。回想一些你的新嘗試或質疑傳統的行為，你或許曾因此而被咒詛、責罵、感到恥辱或不公平。這些經歷令你感到被拒絕、不被接納、容不下自己，你可以體驗耶穌的同在給你的安慰和支持：

8.17 你可能感到困擾和迷惘，分不清誰是誰非，是自己的想法不對，還是父母太傳統保守，不能接納新的嘗試？不同的觀點角度，使你質疑和不信任自己，你過往的經歷或許已埋葬了真正的你！你可以默想耶穌如何進入睚魯女兒生命中的低點，拉她起來：

耶穌回來的時候，眾人迎接他，因為他們都等候他。有一個管會堂的，名叫睚魯，來俯伏在耶穌腳前，求耶穌到他家裏去；因他有一個獨生女兒，約有十二歲，快要死了。耶穌去的時候，眾人擁擠他……還說話的時候，有人從管會堂的家裏來，說：「你的女兒死了，不要勞動夫子。」耶穌聽見就對他說：「不要怕，只要信！你的女兒就必得救。」耶穌到了他的家，除了彼得、約翰、雅各，和女兒的父母，不許別人同他進去。眾人都為這女兒哀哭捶胸。耶穌說：「不要哭！她不是死了，是睡著了。」他們曉得女兒已經死了，就嗤笑耶穌。耶穌拉著她的手，呼叫說：「女兒，起來吧！」她的靈魂便回來，她就立刻起來了。耶穌吩咐給她東西吃。她的父母驚奇得很；耶穌囑咐他們，不要把所做的事告訴人。（路八 40~42、49~56）

你願意張開你的左手，讓耶穌用祂大能的右手拉你起來嗎？支取耶穌給你的生命和能力，成為你心中的力量，從迷惘和死亡中站起來吧！

8.18 耶穌明白你在成長的學習中，需要從不同的角度中去嘗試，找出真正的自己。所以，祂明白要給你充足的空間去闖，對你有充足的信任，而你也不會走上歪路。但是你的父母或身邊的人未必有這個能力，去提供你需要的空間給你，他們未必能接受他們理念框框以外的事物。在真理的光照中，你會如何向他們表達你心裏的感受？

8.19 如果聖靈提醒你，你曾對他們做過或説過含傷害性的事情，你願意向他們道歉嗎？你會如何表達你的歉意？

8.20 他們或者也曾對你説過具傷害性的話，你願意原諒他們嗎？如果你理性上願意，感性上未能，請你用顏色、圖案或線條將未能原諒的感受表達出來。

你可以求耶穌幫助你，加你力量。如果你未願意原諒，也可以誠實告訴耶穌，祂會按祂的時候幫助你改變，宣佈你有願意寬恕的心。

8.21 在心理上，你是否已成為一個獨立自主的人？你與父母的心理臍帶是否已經切斷？如果用圖畫描繪你與父母的心理臍帶關係，會是如何？（可參附錄十。）

8.22如果你仍然未能建立一套基於真理的自我價值觀，仍然不知道自己是誰的話，你可以向聖靈祈求，求祂引導你明白真理，感受神兒女的尊貴身分。順從聖靈的帶領，建立與基督合一的生命。

8.23你可以按你的情況選擇合適的項目並禱告：

主耶穌，請祢醫治我在青春期所受到的創傷。當我開始經驗到性方面的成熟，我會感到不安、害怕與困擾，甚至感到痛苦。在親密關係上，我不知該如何自處，可能我也不明白身體的反應和構造，以致我體驗了初次的性經驗，得罪了祢，感到內疚和污穢。主耶穌，請祢幫助和安慰我，叫我明白祢願意寬恕我、接納我，就如你寬恕和接納那行淫時被捉拿的女子一樣。求祢幫助我以後不要再犯，過合祢心意的聖潔生活。

主耶穌，我在朋輩家人的關係上，也受了些傷害。或許我曾不被尊重、被恥笑、批評、奚落及排擠。主耶穌，我請祢保護及支持我，讓我知道祢喜悅我、接納我，祢也願意為我說句公道的話，使傷害我的人無所遁形。感謝祢，主耶穌，祢的愛和肯定使我不再感到羞愧，只有感恩。請祢幫助我面對成長中所遭遇的各種內心衝擊，讓我體會到自己的矛盾和衝突：我曾犯過的錯，也曾因自我追尋而做成對別人的傷害，耶穌，現在請祢以祢的寶血潔淨我，使我的心靈如雪一樣的潔白。也請祢幫助我繼續追尋祢，雖然有的時候我會跌倒，但是我願意相信祢會幫助我重新站起來。

主耶穌，我感謝讚美祢，為祢所作的一切而獻上感恩。阿們！

8.24當你清理完這些傷害的回憶後，可以宣佈：建立自己在基督裏的身分是神所喜悅的！祈求聖靈保守你的心懷意念，讓你活出真理。

成年的我

當青年的我確認自己的身分後，便進入第六階段（大概由十九至三十五歲）。這個階段的成長任務是與人建立親密和團結一致的關係。在關係中學習去愛，並且感受被愛而不孤單。孩童與青少年階段的結束後，經歷作為一個自由個體在羣體中的責任和義務，開始學習在親密關係中如何經歷聯合與分離、自主與團結的平衡。從「我是誰」的問題，轉移去問「我們是誰」這問題。這個過程幫助我們準備將來進入婚姻的親密關係時，不會陷入強求令人窒息的一致性，或兩個獨立個體獨自運作的危機。如果未能在親密關係中維持個人的身分，便會容易陷入用權力、金錢、性或地位去維繫親密關係而最終導致孤單、失望、離異或怨恨的結局。

我們尋找親密伴侶，會傾向去找那些擁有父母的特質的人，以致可以突破與父母關係未能的化解的結，或者去找那些擁有自己所缺乏的特質的人，以致自己可以感到完整。所以，若要真正進入婚姻的親密關係，就要先處理好自己原生家庭的傷痛，才能夠不將過去的包袱壓到自己伴侶身上。當我們能夠完全發展神給我們的創造，也就不需從伴侶身上去尋找失去的自己。

我的人際關係

9.1 你對自己的工作表現有甚麼評價：（1代表不滿意，10代表很滿意）

a. 整體表現：

b. 個人的能力：

c. 與同事合作的能力：

d. 輔助上司的能力：

e. 你認為你工作表現中最大的問題是甚麼？

9.2 在處理人際之間意見的差異，你傾向：

☐ 完全接納別人的不同意見

☐ 完全拒絕別人的不同意見

☐ _____%接納別人的不同意見

☐ _____%拒絕別人的不同意見

如果你傾向接受別人的意見，你可能是「弱的我」，如果你傾向拒絕別人的意見，你可能是「壞的我」。

9.3 如何在合作中不支配別人，並且不失去自己，是這個階段的重點學習，回想過往一些與人合作的經歷，你在當中如何處理彼此的差異？回想起一些彼此合作愉快、雙贏的成功經歷，構成成功的重要元素是甚麼？

9.4 回想起一些因衝突而受傷的經歷，彼此的差異不能達成協議的原因又是甚麼？

9.5 你是不是不能接納對方？或不敢對別人表達自己的想法？你所不能接納的是甚麼？你的恐懼是甚麼？

9.6 你是不是也不能容讓有那些你所不能接納的表現或特質出現在自己身上？如果是的話，這可能是你將不能接納自己的表現或特質，投射到對方身上，而因此很介意對方的某些表現和行為。你認同嗎？

9.7 你又是不是認為對方不會接納自己，所以不敢表達自己？如果是的話，這可能是你不能接納自己，卻將這份不接納投射到對方身上，而因此認為對方會不接納自己的某些表現和行為。你認同嗎？

9.8 學習坦誠去接納自己和表達自己真實的感受和需要，是親密關係重要的元素。你願意去面對受傷的關係，將你難於接納自己的地方告訴對方嗎？你願意嘗試去接納自己，並且對自己所說或造成的傷害表示歉意嗎？

9.9 你是否也願意寬恕對方對你造成的傷害？如果你理性上願意，感性上未能，你可以靠主的力量，去宣佈你願意去寬恕：

9.10 面對與我們有意見分歧的人，「弱的我」會遷就和應，而「壞的我」會保持距離。你認為如何才能在真誠和包容下彼此繼續對話呢？如果這是你的成長目標，請向神表白：

我的親密關係

9.11 你是否可以離開父母的控制，與你的愛侶二人成為一體，建立自己的家庭？建立自己的家庭，包括情感上可以有自主的能力，可以完全接納自己，在關係上可以表達真正的自己，並且將自己授予給對方。你的困難是甚麼？

9.12 如果你未能有情感上的自主權，你是用甚麼方式去維持親密關係？是透過性、金錢、地位、順服或控制？

9.13 那些令你心儀的異性有甚麼吸引你的共通特質？

9.14 很多人尋找伴侶時，都會被那些與父母親有相同特質的人吸引。[7]根據第二部第2.7題，你父母親或其他照顧者有甚麼正面的性格和特質？請將2.7題的描述抄在下面的空格上，這些往往是吸引你的生命伴侶所擁有的特質！

	正面性格和特質
父親	
母親	
其他	

9.15 但是，吸引你的生命伴侶也需要同時具有父母親或照顧者的負面性格和特質，否則你不會真正墮入愛河。請將2.7題的描述抄在下面的空格上，這些往往是吸引你的生命伴侶同時擁有的特質！

	負面性格和特質
父親	
母親	
其他	

9.16 對比第9.13題 與9.14題及9.15題，答案是否雷同？那些令你或曾令你心儀的異性，他們也是否擁有上述父母親和照顧者的正負面性格和特質？條件愈吻合的異性，是否愈吸引你？

9.17 如果你發現令你或曾令你心儀的異性，並沒有擁有上述父母親和照顧者的正負面性格和特質，那他們可能擁有自己所缺乏的特質，以致自己可以感到完整。你認為你所缺乏的特質是否正是令你心儀的異性所擁有的特質？

9.18 與這些異性相處時，你是否感到舒服和有熟悉感？那些條件愈吻合、愈吸引的異性，是否令你更有那份熟悉感，好像不用說太多，對方已明白自己？這可能是因為他們與你相處的感覺有點像與家人的感覺。

9.19 我從親密關係中，渴望得到甚麼？

1.
2.
3.
4.

9.20 你對親密關係上有甚麼渴求？我們童年時不被滿足的慾望，會成為婚姻關係中的渴求，在婚姻／親密關係中反映出來。我們會不斷去驅使對方只表現正面的特質，以致我們可以得到滿足。請將第二部2.8題你最渴望從照顧者身上得到的渴求描述抄在下面的空格上：

1.
2.
3.
4.

9.21對比第9.19題與第9.20題，答案是否雷同？你渴望從親密關係中得到的東西，是否因童年時不被滿足所致？原來，你是希望伴侶能補足你童年時未被滿足的需要，這個發現給你甚麼啟示？所以，你明白當你的伴侶不能滿足你的需要時，你為何會如此不滿？因為自小到大都得不到滿足，所以期望伴侶能補足你的渴求，當伴侶再令你失望時，那份失望和憤怒是可以理解的。但是，如果將這份憤怒完全歸咎於伴侶，卻是對他／她不公平，因為當中至少有一大部分的憤怒是來自你原生家庭的不足！

9.22 當我未能從伴侶身上得到我需要的滿足，我會有甚麼感受？如果請你用顏色、圖案或線條將這感受表達出來，會是如何？

你會用甚麼行為將這感受反應出來？

我的感受是……	我的反應是……
1.	1.
2.	2.
3.	3.
4.	4.

9.23童年時遇上挫敗時所作出的反應會形成習慣或自動化表現，以致在我的親密關係中，如果我感到不被滿足和挫敗時，我又會表現出以下的自動化或潛意識的反應，因而導致我的真正需要不能被滿足！請將第二部分第1.8題你的感受和反應的描述抄在下面的空格上：

我的感受是……	我的反應是……
1.	1.
2.	2.
3.	3.
4.	4.

9.24對比第9.22題與第9.23題，兩者的答案是否雷同？你是否明白自己為何當不被滿足時，會有某些的反應？這是否也是你童年面對相同情況時，所作出的反應？從以上的練習裏，你有甚麼新的發現和領悟？如果你發現自己的反應只會令伴侶更抗拒或逃避，以致你的需要更不能被滿足，甚至令大家在親密關係中受到傷害的話，你是否願意改變你的反應，學習用合宜的方法去表達你的需要和獲取你的滿足？並且，你會對自己所說或造成的傷害感到歉疚嗎？你又是否願意原諒自己及對方所造成的傷害嗎？

9.25如果你感到難以原諒自己或對方，你可以邀請耶穌和你一起面對你在親密關係裏曾遇到的痛苦經歷，讓祂安慰和幫助你。祂會如何回應你？

9.26 你願意將你在童年時未被滿足的需要，交在主耶穌的手中，讓祂親自去滿足你，而不是要求身邊的人去填滿嗎？因為，童年所失去的，並不完全能靠人去補足，需要從神身上才能完全被醫治！宣佈你的決定：

9.27 然後你可以按你的情況選擇合適的項目並禱告：

主耶穌，請祢醫治我在成年期所受到的傷害。請祢除去我在人際關係上的恐懼和不信任，以致我能自由真誠地與人相處；幫助我更接納自己，以致我可以更加接納別人，學習與人建立親密的關係。請醫治我過往在與人關係上的傷害，讓我在痛苦和困擾的經歷中，感受祢的同在，請進到我內心，幫助我明白自己的反應，如何導致更多的彼此傷害，求祢幫助我改變我的反應。

主耶穌，請祢幫助我明白，我童年的傷痛導致我尋找與父母有相似特質的人成為伴侶，並且期望伴侶能補足我幼年時失落的期望又或者去尋找那些擁有自己所缺乏的特質的人，以致自己可以感到完整。這些期望造成婚姻關係上的困難，求祢改變我對配偶的期望和反應，幫助我接納自己更多，也接納配偶的限制。求祢的寶血覆蓋我的婚姻，保守我們願意相信，對方是祢放在我們生命中，互相幫助對方成長的，因而不再只是埋怨對方。反而是為對方而感恩，因為這婚姻是被祢祝福的，祢必加力量給我們，並且深深地愛我們，使我們可以彼此相愛。

主耶穌，對於未結婚的我，請祢醫治我童年時父母帶給我的傷害，使我能夠更加完整，情感上可以有自主的能力，可以完全接納自己，在關係上可以表達真正的自己。並且能完全地委身給對方，卻不陷入令人窒息的一致性的關係，或兩個獨立個體獨自運作的危機，以致我可以更好預備自己進入婚姻。感謝祢應允我的禱告，為祢所作的一切獻上感恩。阿們！

第二部分總結：
醫治的生命

當我們可以面對自己破碎的生命時，我們就可以讓神的真理照進去自己過去的黑暗中，與耶穌共同面對痛苦的經歷中，就能經歷「因祂受的鞭傷，我們得醫治」（賽五十三5下），所以在這一部分從檢視自己過去的生命和家庭的經歷：與耶穌一起走過母腹中的我、嬰孩的我、幼兒的我、孩童的我、少年的我、青年的我及成年的我中，去面對自己的破碎、黑暗和傷害。學習去饒恕父母家人對自己的傷害，也承認自己對家人的傷害，並且饒恕自己！請為你以下每一個生命的階段祈禱和祝福：

6. 青年的我

- 為你曾經歷的迷惘感謝神，因祂已（將會）把你從迷惘和死亡中拉起來。
- 宣佈你已經將連於父母不健康的心理臍帶切斷，而將自己連於主基督。
- 為你在尋找自我時曾犯罪傷害神、家人及自己向他們認罪！
- 宣佈你在基督裏找到真正自己的身分，浪子已回家了！

奉獻

宣佈

5. 少年的我

- 為神賜給你有的能力感謝神。
- 為你曾不接納自己，封閉自己的心靈，不人或神進入而認罪。
- 宣佈你不再怕別人的嘲笑、批評而受傷，且寬恕傷害你的人，因為他們不認識你。
- 宣佈你願意相信你所需要的能力及恩賜，會充充足足的賞賜給你！（雅一17）

1. 母腹中的我

- 為神的奇妙創造而感謝祂，因為你的生命是被揀選、被祝福的，你的名字寫在生命冊上。（詩一三九14~16）
- 為你在母腹中及生產過程而感謝神的保守和帶領，宣佈你並不孤單，因為主耶穌明白你所經歷的痛苦，並且與你一起承擔你的痛苦。
- 宣佈你願意寬恕曾經對你造成傷害的人，並祝福他們！
- 宣佈你是蒙神祝福的胎兒，在母腹中已經被愛，你願意被分別為聖，將自己一生獻給神。

2. 嬰孩的我

- 為神保守你的生命感謝祂，也感謝祂賜給你的這個家庭及家人。
- 宣佈你願意寬恕母親／照顧者的不足，並不再因而害怕與人建立信任。
- 宣佈你願意相信耶穌的愛，可以醫治你所缺乏的聯繫，你整個人是被接納、被愛的！
- 為你因難以信任人而造成對自己、人及神的傷害而認罪，求神幫助你克服焦慮！

3. 幼兒的我

- 為神給你自由意志的選擇感謝神。（創二16~17）
- 因著神對你的尊重，你也要學習尊重神、人及自己。
- 為你常常不斷地質疑自己、別人及神，向神認罪。
- 宣佈你不再因曾被否定而感到羞愧，你的自主權是神的禮物。
- 你是否願意選擇將神給你的自主權奉獻給神？宣佈你的決定！

4. 孩童的我

- 為神給你的自發性和創作能力感謝神。
- 為你曾對自己的詛咒／不接納向神認罪。
- 宣佈你的罪已完全被赦免，你不用繼續批評和責怪自己的不足。
- 宣佈你不再被內疚和恐懼犯錯所捆綁，因為你在聖靈裏經歷了自由。（林後三17）

7. 成年的我

- 為你所擁有的友誼和親密關係感謝神。
- 為你未能在親密關係中，未能坦誠開放自己給對方認識及用自己的方法去控制關係認罪。
- 宣佈你願意改變你的模式去開展與人及神真誠的對話。
- 宣佈你將自己不接納自己的部分獻上給主，作為活祭！
- 宣佈你將自己的婚姻交託給神，讓祂去滿足和醫治你未被滿足的需要，這是你向神表達你對祂的愛的委身！

醫治的生命

感恩

釋放

醫治生命的整合

雖然過去的我曾經歷了家庭中種種的問題、環境上的限制，造成種種的遺憾也曾受到家人、老師、同輩的傷害，導致成長的任務未能完整地發展，形成對自己的不接納和詛咒，也因此不能與人建立真正的關係。然而，卻也藉著自己的破碎、黑暗和傷害，使我能認識神，經歷基督寶血完全的醫治；並且，藉著我的破碎，我可以見證神的大能，將安慰和醫治傳給身邊有需要的人，讓他們也一同經歷在基督裏的新生命。（林前五17）

1. 寫一封信給神，感謝祂為你預備的一切。回想你在這一部分的練習裏，與祂一同走過的路，你心中有甚麼感受？這個經歷帶給你甚麼反省？你對自己、別人及神，有甚麼新的理解和體會？這些新的經驗，帶動了你心中的甚麼渴求？向神說出你心底的話：

2. 寫一封信給自己，宣佈自己的生命已經被醫治：你是被神揀選、分別為聖的；你已經在愛中與主聯繫；你已經領受神賜予自由意志的選擇，不再因曾被否定而感到羞愧；你已接受了神所賜的自發性和創作力，不再被內疚和恐懼犯錯所捆綁；你相信神會充充足足地將你一切所需要的能力及恩賜賞賜給你；你在基督裏已找到自己真正的身分，並將自己連於主基督；你願意改變你的模式，去開展與人及神真誠的對話，並將自己隱藏掩飾的部分完全獻上給主！

3. 如果可以用一幅圖畫去表達你被醫治後的生命，這幅圖畫會是怎樣的呢？或者，你也可以寫一首詩表達你的心聲。

第三部分：我的屬靈生命

屬靈的生命是我們生命重要的一環，改變我們的情緒、思想、價值及動向。當過去的我未能完整地發展和被醫治，會影響我們屬靈生命的建立，難以專一的相信神，也難以與弟兄姊妹建立親密關係，未能體驗教會是自己屬靈的家，在主的愛中彼此建立。這一部分材料幫助我們去反思和回顧我們信仰的歷程、靈界的經歷、與教會的關係及與三一真神的關係。

從未嘗過的父愛

從未嘗過父愛的滋味！
心中常問：有父愛的孩子是如何？
一直無人可以解答我心中的疑問，
及至我遇上了祢！

天父祢向我張開祢慈愛的雙手，
我的心奔向祢的懷抱，
從未經歷如此的接納，
在祢懷中我找到了家！
祢的愛肯定我兒女的名分，
祢的寶血洗淨了我的罪，
祢的聖靈讓平安喜樂充滿了我，
祢的能力助我渡過各樣的艱困！

從此我不再作浪子，到處尋找失去的愛；
孩子只要握住父的手，無論往何處在所不計；
只有祢的愛才能滿足我；
我的心，我的身要全歸於祢！

回顧我與神的關係

1.1. 讓耶穌與你一起，按時序回顧信主後你與祂關係的軌迹。以簡潔詞彙來說明你的屬靈生命中曾發生的重要事件，並以數目字作為代號，以4至-4來為你與神的關係的親密度評分。看看每一個經歷如何影響當時你與神的關係、對祂的感受、與祂的親密度。將代號標示在圖表的適當位置上。最後把不同的點連起。可能有些太久之前的時段，你忘記了所發生的事，你可以只記下你所記得的，然後祈求聖靈適當時候再提醒你。你也可以將來繼續使用。

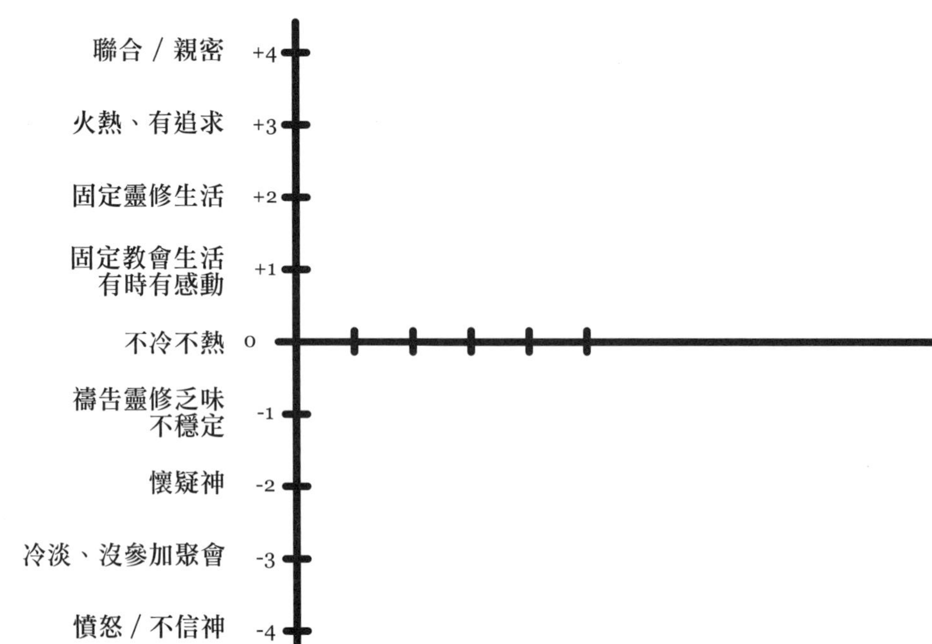

1.
2.
3.
4.
5.
6.
7.
8.
9.
10.
11.
12.
13.
14.
15.
16.
17.
18.
19.
20.

1.2 回顧過去的經歷中，在你未認識神之前，神如何去尋找你，讓你認識祂？

1.3 當你重新檢視與神的關係，你有沒有感到驚訝？你對你的屬靈生命有甚麼新的理解？

1.4 有哪幾個時刻是你與神關係的轉捩點，這對你有甚麼影響？

第一轉捩點：

第二轉捩點：

第三轉捩點：

第四轉捩點：

1.5 回顧這些關鍵時刻，是甚麼因素促成這些重要的改變？

第一轉捩點：

第二轉捩點：

第三轉捩點：

第四轉捩點：

1.6 回顧那些與神關係較差的日子，及其導因是：

a.

b.

c.

d.

e.

1.7 你對神的認識是基於父母、牧師、導師或其他弟兄姊妹與神的經歷，還是你與神的親身經歷？你有沒有親身經歷過神？原因何在？

如果你沒有親身經歷過神，你的信仰會經不起考驗，很容易因苦難而離棄神！你可以求神讓你親身經歷祂，以致你可以真正相信祂。

1.8 回顧在你生命中最困難的日子是如何渡過？這段經歷又是否令你更經歷神的同在和更依靠神？

1.9 回顧你與神關係最親密的時刻，那段日子是如何的？如果你可以用一幅圖畫去形容你與祂的親密關係，你會如何表達？請你將心中的圖畫畫出來：

1.10 如今這一刻，神對你有多重要？請以今年的年份數字為標記，標示在下圖中。哪一年是你與神的關係最親密的時刻？那時，神對你多重要？請以那一年的年份為標記，標示在以下圖中。哪一年是你與神關係最疏離的時刻？那時，對你而言，神重要嗎？請以那一年的年份為標記，標示在下圖中。

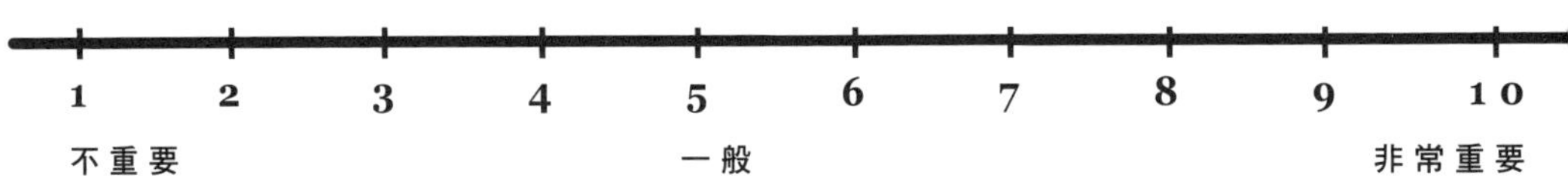

以上的標示對你有甚麼啟示？為甚麼神對你的重要性竟然時有浮動？神對你的重要性是因哪些因素而改變呢？

1.11 你滿意神現在對你的重要性嗎？你希望神對你的重要性，能到哪一個程度？為甚麼？

1.12 神對你的重要性是否因應你的需要而改變？甚麼時候你非常需要神，甚麼時候你不需要祂？如果神對你的重要性，是按你的需要而浮動的話，那麼，神對你的重要性是建基於祂所能給你的好處，滿足你的需要，而不是因為神自己嗎？

1.13 若果你是神，人們與你的關係是建基於利益，人們只渴慕你的能力和幫助，而不是你自己，你會否很受傷害？如果你也認同這樣做會令神傷心，你願意向神認罪道歉，求祂寬恕你嗎？

1.14 如果你確認神對你很重要，並且你花很多時間在祂的事工上，但你有沒有花時間與祂溝通、聆聽祂的聲音、凡事尋問祂的心意、看重你與祂的關係？你又如何理解這種狀況？

1.15 回想你與神的親密關係，這是否你心靈最渴慕的關係？你是否願意為神放下你看為重要的東西，單單追求與祂建立親密關係？請將你的想法告訴神：

1.16 回顧你與神關係最冷漠的時刻，那段日子是如何的？如果你可以用一幅圖畫去形容你與祂的關係，你會如何表達？請你將心中的圖畫畫出來。

1.17 在以上的圖畫中，是甚麼東西隔阻著你與神的關係？

1.18 你是如何面對和處理這隔阻著你與神的關係的障礙？

1.19 這隔阻著你與神的關係的障礙又如何影響你現今與神的關係？

1.20 如果你是「弱的我」，你可能只希望依附神的幫助和保護，但是你卻仍然不敢向神展示你的真我。你是否怕神不喜悅真正的你？

1.21 如果你是「壞的我」，你可能只希望抓住神的祝福和幫助，而不顧及與祂的關係。你是否怕神不接納你的黑暗面？

1.22 回顧你與神同行＿＿＿年的歷史，你有何感想？你想怎樣紀念你們同行＿＿＿年？

1.23 你們要嘗嘗主恩的滋味，便知道他是美善；投靠他的人有福了！（詩三十四8）你是否感到你是一個有福的人？

1.24 你有甚麼心裏的話想向神傾訴？

我與靈界的接觸

中國人多是深受傳統民間信仰的影響，相信天地之間充滿了各種各樣的神靈。另一方面，由於歷史上的動亂，生活裏充滿了危機，遇到人力所不能解決的問題，就求神問卜，希望得到幫助化險為夷。這些對文化、生命的信念一直流傳下來。再加上個人對獨特經驗的詮釋而構成的迷信，還有傳統留存下的膜拜偶像的行為和習慣（如拜祖先或其他神靈祭祀等習俗）。

膜拜偶像就是在你的生活中，以其他的靈界勢力來取代主耶穌在你生命中應有的地位。[1] 坊間一些普遍和流行的迷信行為，例如：看相、算命、占卜、求籤、牒仙、八字、紫微斗數、風水、塔羅牌、平安符、拜祭祖先、燒紙錢及元寶蠟燭、怕犯禁忌帶來厄運、姓名學和看風水等，其實已經是接觸靈界的活動。（附錄八有詳細的介紹。）

2.1 你的家族或祖先是否已經認識神，已成為基督徒？他們的信仰對你有甚麼幫助？你有沒有為你所擁有的屬靈的遺產而感謝神？

2.2 請分享你的其他宗教經驗。你有沒有以下的經驗：

- ☐ 過契給其他神靈
- ☐ 藉靈界得力量或得醫治
- ☐ 藉靈界或其他力量得知未來與死人溝通
- ☐ 接觸或沾染容易被靈體入侵的活動（例如：學氣功、瑜珈）
- ☐ 先人曾從事與靈界有關的行業
- ☐ 參與迷信的活動
- ☐ 曾因過去的危難脱險中做過一些迷信行為，因此產生一種牢固信念
- ☐ 其他：

2.3 你拜偶像及接觸靈界的原因：

- ☐ 傳統文化：受某方面書籍或思想影響
- ☐ 家庭影響：家人強逼你拜偶像或民間宗教祭祀、想與死去家人聯繫等等
- ☐ 自幼已被安排過契給神靈或與神靈建立特殊關係
- ☐ 因工作、生活困難、疾病等需要，而求助於超自然力量
- ☐ 好奇心的驅使、受朋輩及傳媒的影響
- ☐ 自己曾經驗過靈界力量，因而被吸引
- ☐ 其他：

2.4 細看附錄八所列出的一系列與靈界接觸的項目，檢視並列出你或家族曾參與的項目，如果你不清楚其中的一些項目，請向教會的牧者查詢，了解其中的問題：

a.

b.

c.

d.

e.

f.

2.5 檢查一下，你是否仍然保存一些與拜偶像或靈界有關的物件？你需要請牧者幫你或自行丟掉！你有沒有捨不得？請你的守望者為你禱告，鼓勵你有決心和勇氣專一相信耶穌！

- ☐ 書籍：
- ☐ 拜偶像或接觸靈界的工具：
- ☐ 代表偶像的神像／神位：
- ☐ 曾被祈福或加能量的迷信物件（例如：水晶鍊、佛珠）：
- ☐ 其他：

2.6 過去曾拜偶像或參與靈界的經驗對你現在有甚麼影響？你是否懼怕撒但？

2.7 默想以下經文：

除了我以外，你不可有別的神。不可為自己雕刻偶像，也不可做甚麼形像彷彿上天、下地，和地底下、水中的百物。不可跪拜那些像，也不可事奉它，因為我耶和華——你的神是忌邪的神。（出二十3~5上）

你們中間不可有人使兒女經火，也不可有占卜的、觀兆的、用法術的、行邪術的、用迷術的、交鬼的、行巫術的、過陰的。凡行這些事的都為耶和華所憎惡。（申十八10~12上）

我要潔淨你們，使你們脫離一切的污穢，棄掉一切的偶像。我也要賜給你們一個新心，將新靈放在你們裏面，又從你們的肉體中除掉石心，賜給你們肉心。我必將我的靈放在你們裏面，使你們順從我的律例，謹守遵行我的典章。（結三十六25下~27）

兒女既同有血肉之體，他也照樣親自成了血肉之體，特要藉著死敗壞那掌死權的，就是魔鬼，並要釋放那些一生因怕死而為奴僕的人。（來二14~15）

神怎樣以聖靈和能力膏拿撒勒人耶穌，這都是你們知道的。他周流四方，行善事，醫好凡被魔鬼壓制的人，因為神與他同在。（徒十38）

在以上經文裏，神告訴你甚麼？

2.8 你是否仍然懼怕撒但？雖然你認知耶穌已經勝過黑暗的權勢，但是心中仍然害怕？這可能是你過往曾經有害怕鬼怪的經歷，回想這些恐懼的經歷，體驗耶穌的同在如何幫助你。

2.9 如果你明白你或你家族曾拜偶像或進行迷信活動，來取代主耶穌在你生命中應有的位置，你願意向神認罪，切斷與邪靈的關係嗎？你可以參考附錄八的指引，向神禱告：

或可以作以下的禱告：

主耶穌，我相信祢是我生命中惟一的救主，過往，我因無知、好奇或其他原因，曾有迷信的行為、拜偶像或接觸靈界（請列出你曾參與的活動，例如：看相、算命、求籤、燒紙錢、牒仙、瑜珈、氣功、八字、紫微斗數、風水、拜祖先……）。現在我明白這是錯的，我向祢認罪，求祢寬恕，我信主的時候，已確定離開魔鬼撒但，現我再確認，靠主耶穌的權柄，徹底取消那些諾言、誓言或詛咒，並且奉主耶穌的名，宣佈與邪靈斷絕關係，不再被控訴，基督的寶血已掩蓋我的罪，潔淨了我，使我重獲自由。奉主耶穌的名而求，阿們！

2.10 當你完成以上認罪的禱告，可以相信並且宣告罪得赦免：

主耶穌，我多謝祢，按祢自己的應許「我們若認自己的罪，神是信實的，是公義的，必要赦免我們的罪，洗淨我們的一切不義」。（約壹一9）我現在宣佈，我拜假神的罪已得著赦免，在我的生命中，這些罪不再存在，因為這一切已被耶穌的血所遮蓋，我可以坦然無懼地來到耶穌面前。感謝主。奉耶穌基督的名求，阿們！

2.11 現在你可以預備一顆清潔的心，讓聖靈居住，管理你的生命，你心中有甚麼話想向神說？

我屬靈的家

除了自己的家庭外，教會是我們的屬靈的家，你是否把你目前的教會當作你的第二個家？基督是教會的頭（弗五23），因此，教會與我們的關係非常重要，這是你屬靈生命成長之處。在這裏，弟兄姊妹也一起學習以真理彼此相愛，在主內彼此認罪，互相代求，經歷以愛彼此寬恕，互相包容，在主內合一。

3.1 你對屬靈的家有甚麼期望？

3.2 這些期望，是不是因你在原生家庭得不到滿足所致？

3.3 你目前的教會與你期望的教會差距有多遠？你最渴望教會變成怎樣？你的渴望是否仍然未能滿足？

3.4 教會有哪些安排／處理／人事，令你感到失望：

a.

b.

c.

d.

e.

3.5 你如何處理教會令你失望的感受？

3.6 如果這些不滿的感受令你未能投入教會，或甚至離開教會，你需要正視這些負面的感受。它們可能已被埋藏於心內，你可能想不起自己有任何不滿的感受，但這些感受卻令你提不起勁或不想參與教會的事奉。可以嘗試將這負面的感受以顏色、圖案或線條表達出來。

這幅圖畫帶給你甚麼聯想？一個回憶、故事或思想？

如果可以用言語表達以上的圖畫，你會如何形容？

3.7 你是否因為對教會或弟兄姊妹的不滿而影響你與神的關係？你是否也不滿神為何容許傷害臨在你身上？

3.8 請將你在不同的經歷中感到的傷害或不滿告訴耶穌：

a.

b.

c.

d.

e.

3.9 耶穌如何回應你？如果你感受不到祂的回應，你去請祂打開祂的雙手，你請祂將自己被門徒撇下及被猶太人出賣的故事講一遍給你聽……你聽了有甚麼感受？

3.10 綜合這些不同的受傷或不滿的感受，其中有甚麼共通點？這與你過去或童年所受的傷害是否有類似之處？

3.11 如果過去曾發生類似的經歷，而當時也有現在這不滿的感受的話，請你嘗試分辨現在的不滿的感受是否有部分是源自過去的經歷。如果你發現別人對同一經歷的反應，未如你一樣強烈，那麼，你與別人的反應的差距，可能是因你過往的經歷所致。

3.12 如果你未與組長、導師或牧師分享你所受傷的經歷，請求聖靈給你勇氣和智慧去分享。想一想，你會如何向他們表達你受傷的經歷？

3.13 如果你已表達了，但是對方的反應並不理想，你可以找屬靈導師與你一起禱告尋求神，分辨自己有沒有把過往的經歷投射到教會的弟兄姊妹或教牧長執身上，導致不合宜的表達或對教會的人有過分的要求，因而產生誤會。神是否用此機會向你説話？

3.14 回想那次被傷害的經歷，你可以體驗主耶穌的同在，請祂幫助和安慰你。主耶穌祂怎樣幫助你？

3.15 嘗試用耶穌的慈愛眼光去看這位傷害你的弟兄姊妹，你會有甚麼新的領悟嗎？你是不是也能明白對方的難處、苦衷或限制？

3.16 如果主耶穌告訴你：「赦免他們；因為他們所做的，他們不曉得。」（路二十三34）你會如何回應？

3.17 如果你認為在教會裏，主內肢體不應傷害你，那麼，你便仍未能看清一個事實：基督徒只是蒙恩被寬恕的人，他們在生活上仍會不斷跌倒或犯錯，而且，自己也是當中的一分子！如果你理性上願意寬恕，感性上卻未能做到，可以求耶穌幫助你，加你力量！如果你未願意去原諒，也可以誠實告訴耶穌。祂會按祂的時候幫助你改變，宣告你願意去寬恕：

天父與我

4

上帝是三一真神，三個位格：父、子、聖靈；同質、同權、同榮。但三者位格有分別：聖父在我們之上，聖子為我們而生，聖靈在我們之內：「願主耶穌基督的恩惠、神的慈愛、聖靈的感動常與你們眾人同在！」（林後十三14）聖子為人預備救恩，使父的愛得以傾倒，而聖靈感動人去經歷父的愛。聖父、聖子、聖靈三位是不分高下，可以彼此內在互相溝通，也是三個位格，互動共存地與人交通。[2]

4.1 如果要用一種顏色形容你現在與天父的關係，你會用……

□紅　□橙　□黃　□綠　□青　□藍　□紫　□______

因為：

4.2 如果要你用圖畫去描述你現在與天父的關係，你會如何表達？請將心中的圖畫畫出來。

4.3 在圖畫中你與天父的關係有多親密？祂是眼看著你、陪你同行、拖著你、背著你，還是抱著你？你如何理解你現在與祂的關係親密度？

4.4 如果以1至10分來形容你現在與祂的親密度，你會給多少分數？

現在的親密度：

期望的親密度：

曾經歷最高的親密度：

4.5 告訴天父你渴望與祂有多親密，也分享你的困難：

4.6 在以上的圖畫中，有沒有甚麼東西隔阻著你與天父的關係？

4.7 嘗試代入這個東西，你就是那個隔阻你與天父的東西，你會如何介紹自己？

4.8 透過這過程，你發現在你與天父的關係上，有甚麼障礙使你的屬靈生命停滯或不能有新的突破？

4.9 你對天父是否有不滿或憤怒？你可以坦誠向祂表達，天父是可以接納我們憤怒的情緒，這也是祂創造的：

4.10 如果你是不滿天父為何容讓苦難降臨在這世上，那其實你是否不滿天父為何容讓你受傷害而袖手旁觀？你可以坦誠表達：

4.11 聖經描述天父是有豐盛慈愛的神，你認為祂的慈愛有多深？

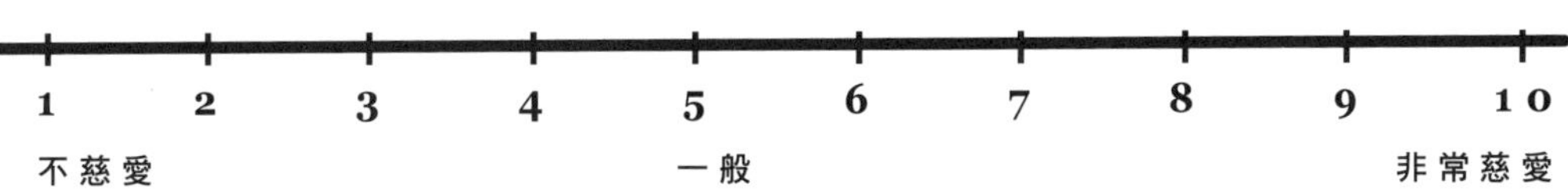

4.12 你為甚麼會給予這個分數？這是基於過往哪些的經歷？

4.13 如果你的分數是4分以下，你又如何理解自己為何未能體驗神的愛的長闊高深？

4.14 聖經描述天父是公義的神，對於那些屢勸不改的人，祂會發烈怒審判他們的罪，有時甚至滅絕他們。你贊同神最終滅絕他們的性命嗎？如果你是神，你又會如何處理一些藐視你真理的人？

4.15 你會不會因神的烈怒而感到懼怕，而不敢親近祂？

4.16 一個滿有恩惠慈愛的神，卻又同時是聖潔公義，必追討罪孽，自父及子，直到三、四代的神！（出三十四7）你如何接納神擁有這兩個似乎不能共存的特質？你又如何去整合天父在你心中的形像？

4.17 請圈出這刻符合你心中天父形像的形容詞：

無能　嚴厲　高高在上　和藹　幽默　忍耐　慈祥　兇惡　親近　放鬆
謹慎　少言　威嚴　可靠　無奈　柔弱　不可捉摸
或填上你的形容詞：

4.18 從前，天父在你心中的形像又是怎樣的？請用另一支顏色筆圈出那些描述以前天父在你心中的形像的語詞。

4.19 你和我在頭腦上都知道，神是慈愛、信實、良善、公義、憐憫，是我們在天上的父神、生命的牧者、救恩的元帥、再來的君王……然而，有好些時候，我們心目中的神的形像，卻與我們的認知相違，且帶給我們負面的感受。下列對神的形容，哪些吻合你心中的感受？請你解釋原因：

☐ 道德警察：________________

☐ 智慧的老人：________________

☐ 軟弱無能的慈父：________________

☐ 要求完美的君王：________________

☐ 高高在上的總裁：________________

☐ 苛刻的校長：________________

☐ 分秒必爭的老闆：________________

☐ 偏心的權威：________________

☐ 反覆無常的君王：________________

☐ 其他 ________________：________________________________

4.20甚麼經歷改變了天父在你心中的形像？

4.21將第二部分2.7題父母正負面的特質，與4.17題從前在你心中的天父形像相比，兩者有何相似的地方？

父母的特質		從前在你心中的天父形像
正面：	a.	
	b.	
	c.	
負面：	a.	
	b.	
	c.	

4.22如果你父母是柔弱溫和的，你可能容易認為天父也是很慈愛，會較為包容，面對罪惡也有點無奈；如果你父母是嚴厲專制的，你可能難以感受天父的慈愛，對祂也敬而遠之；如果你父母是疏離的，不常在你身邊，你也可能感受天父很遙遠，難以親近。我們很容易將地上父母的形像投射成為天父的形像，以致我們未能真正認識天父，而是帶著有色眼鏡去看祂。如果你是祂，你會有甚麼感受？

4.23 如果你發現自己將父母的影子投射到天父身上，影響你對祂的信任和關係，請向神認罪。當你再犯這錯時，求聖靈提點你。

4.24 父母過往的不是或對你的傷害，使你未能有一個完整的童年，你是否願意原諒他們？請你寫一封信給他們，讓他們明白你所受的傷害，並且你因天父的愛的緣故而原諒他們，不再計較。如果你有願意的心，卻未能完全原諒他們，也可以在信中將你的心願和限制告訴他們，並且祈求主幫助你！

4.25 在你未認識神之前，天父的眼目已看顧你（詩三十三18），你所受一切的傷害，天父是完全了解並且已保守了你，你是否可以感受到祂的保護？

4.26 雖然天父容讓人犯罪、這世界有苦難、你受傷害，然而祂卻在暗中保守你，並且應許醫治你。你如何去理解這矛盾的理念？

4.27 你過往的創傷是否已經歷了耶穌的醫治？你能否原諒神容許你經歷童年的傷害？

4.28 如果你過往的創傷仍未被醫治，你的憤怒又是否阻擋你經歷天父的醫治？

4.29 你是否希望放下對天父的不滿或憤怒，學習像小孩子一樣，放下一切的防衛和包裝，以你的真我去朝見天父，真正經歷祂的慈愛和醫治？

4.30 默想以下經文：

神啊，你的公義甚高；行過大事的神啊，誰能像你！你是叫我們多經歷重大急難的，必使我們復活，從地的深處救上來。（詩七十一19-20）

你又是否同意詩人對天父的認識，你是否也有相同的經歷？

耶穌與我

耶穌是神的兒子，道成肉身，來到這個世界中，在世上生活了三十三年，完全明白我們的軟弱和掙扎，經歷人所有的試探、人間的痛苦：被羞辱、拒絕、遺棄、出賣及最痛楚的十字架酷刑。然而，這一切痛苦卻不能攔阻祂對我們的愛，祂擔當我們的罪孽，成為我們的救主，因祂的寶血為我們開一條又新又活的路（來十20），讓我們可以與神和好，成為神的兒女，更賜給我們天上各樣屬靈的福氣！（弗一3）

5.1 如果要用一種顏色形容你現在耶穌的關係，你會用……

□紅　□橙　□黃　□綠　□青　□藍　□紫　□______

因為：

5.2 如果用圖畫去描述你與耶穌的關係，你會如何表達？請將心中的圖畫畫出來。

5.3 在圖畫中你與耶穌的關係有多親密？祂是眼看著你、陪你同行、拖著你、背著你，還是抱著你？你如何理解你現在與祂的關係親密度？

5.4 比較你與耶穌及你與天父的圖畫（第4.2題），兩者有甚麼分別？你認為自己與天父較親密，還是與耶穌較親密呢？為何如此？

5.5 如果以1至10分來形容你與耶穌的親密度，你會給多少分數？

現在的親密度：

期望的親密度：

5.6 耶穌在你心中的形像是怎樣的？

5.7 想像你遇到一個極危險的意外，差點送命，卻有一位恩人及時救了你，而他卻因而為你犧牲了他的性命，你會如何感謝這位為救你而死的恩人？這位恩人就是耶穌，雖然你當時不認識祂，祂卻是不惜一切拯救你到底，你心底有甚麼話想對祂說？

5.8 你認為你現時與祂的關係，能反映出你對祂的感激嗎？如果不能，原因何在？

5.9 你認為耶穌會否明白你一生所經歷的傷痛和辛酸？祂所受的痛苦，你又是否都曾經歷呢？將你最心深處的傷害告訴耶穌。

5.10 祂會如何回應你？安靜在祂面前等候，看著祂掛在十字架上，你心中浮現甚麼感受？

5.11 耶穌不只明白你所受的痛苦，並且「他代替我們的軟弱，擔當我們的疾病」（賽五十三4）。你是否能夠體會祂如何代替你的軟弱，擔當你的疾病？

5.12 面對一個如此愛你的主，祂為你受了如此的鞭傷和刑罰，你會如何去回應祂的愛？

5.13 回想你過去曾犯的罪，耶穌都一一為你承擔，每一項罪，就好像荊棘上的一根刺，一根一根地插入祂的頭上。你願意因祂的赦免，而寬恕那些傷害你的人嗎？

5.14 你是否相信耶穌願意醫治你的創傷？眼看別人得醫治，而自己仍然在痛苦的掙扎中，你怎樣理解這個狀況？默想以下經文：

有一個女人，患了十二年的血漏，在醫生手裏花盡了她一切養生的，並沒有一人能醫好她。她來到耶穌背後，摸他的衣裳繸子，血漏立刻就止住了。耶穌說：「摸我的是誰？」眾人都不承認。彼得和同行的人都說：「夫子，眾人擁擁擠擠緊靠著你。」耶穌說：「總有人摸我，因我覺得有能力從我身上出去。」那女人知道不能隱藏，就戰戰兢兢地來俯伏在耶穌腳前，把摸他的緣故和怎樣立刻得好了，當著眾人都說出來。耶穌對她說：「女兒，你的信救了你；平平安安地去吧！」（路八43~47）

患血漏十二年的女人花盡了一生的積蓄，沒有一個人能醫治她，最後因摸耶穌的衣裳得到痊愈。你認為相對這個女人，你所缺乏的是甚麼？

5.15 你明白自己為何對耶穌缺乏信心嗎？

5.16 當耶穌邀請你：「你若遵從我的命令，就常住在我的愛中，一生一世永不分離，我就是你最好的朋友，與你共走一生的路，不再孤單！」你會如何回應？

5.17 你願意寬恕曾經傷害你的朋友，並且祝福他們，也求拯救你的主拯救他們，寬恕他們的罪嗎？

5.18 你願意向你曾傷害的朋友道歉，請他們原諒嗎？請寫下他們的名字及對他們的傷害，也求主給你勇氣向他們表達：

a. ______________：______________________________

b. ______________：______________________________

c. ______________：______________________________

d. ______________：______________________________

e. ______________：______________________________

f. ______________：______________________________

5.19 如果你發現不容易相信朋友，也不能坦誠表達自己，告訴耶穌，求祂教導你如何成為別人的好朋友。

聖靈與我

6

聖靈與聖父及聖子有密切的關係，祂不是神的工具，「祂不是次於父，而是與父為一，祂也不是次於子，而是與子為一」。聖靈是天父因耶穌的名差派到世上的保惠師（約十四26）。「惟有藉著聖靈才能把神的生命帶進到我們的生命裏。主耶穌救贖的工作，若不是藉著聖靈的運行，是不會成全在我們裏面的。」[3]惟有依靠聖靈才可以幫助我們活出基督裏的新生命（林後五17）。耶穌是我們的榜樣，然而我們卻因肉體軟弱，常常被罪的律所牽制，但是賜生命聖靈的律，在基督裏釋放了我們，使我們脫離罪的律（羅八2）。藉著聖靈的律引導我們，只要順服聖靈行事，就必得生命平安（羅八6），不再害怕，不再是奴僕，活出神兒女的生命。（參《曠野之旅》第二十三天靈修材料。）

6.1 如果要用一種顏色形容你現在聖靈的關係，你會用……

□紅　□橙　□黃　□綠　□青　□藍　□紫　□______

因為：

6.2 如果要你用圖畫去描述你與聖靈的關係，你會如何表達？請將心中的圖畫畫出來。

6.3 在圖畫中你與聖靈的關係有多親密？祂是眼看著你、陪你同行、拖著你、背著你，還是抱著你？你如何理解你現在與祂的關係親密度？

6.4 如果你不知道聖靈與自己的關係，你需要向聖靈祈禱，邀請祂進入你的心中，求祂向你啟示和賜你智慧，教導你如何認識祂更多。

6.5 比較你與天父（第4.2題）、耶穌（第5.2題）及聖靈的圖畫，三者有甚麼分別？你認為自己為何與聖靈較為疏離？

6.6 如果以1至10分來形容你與聖靈的親密度，你會給多少分數？

現在的親密度：

期望的親密度：

6.7 聖靈在你心中的形像是怎樣的？如果你發現自己不認識聖靈，你可以求祂讓你認識祂！

6.8 耶穌告訴門徒，祂不撇下他們為孤兒，並且求父賜給他們一位保惠師，永遠與他們同在。（約十四16~18）因此，聖靈是永遠住在我們裏面，是我們隨時的幫助。你是否敏銳於聖靈每天向你所作的提示、引領和感動？

6.9 你是否常常消滅聖靈給你的感動，漠視祂的指引，仍然過自己想過的生活，做自己想做的事？如果你不順從聖靈，你就會陷入罪的律！順服聖靈，是叫你得生命平安的惟一方法！若你曾漠視和傷害聖靈，向祂認罪，求祂幫助你脫離罪的律：

6.10 我們的身體是聖靈的殿，因此我們需要時常潔淨自己；不然，聖靈無法住在我們裏面，並且我們的罪也阻隔了我們去聆聽聖靈的指引。因此我們需要每天潔淨自己，你有甚麼需要向神認罪？

6.11 這罪不只是漠視和不順從聖靈的罪，或我們說傷害人的話或犯罪的行為，連我們思想裏的苦毒／扭曲／憎恨／不潔／淫亂都要被潔淨，請告訴神：

6.12 將那些曾經常出現的負面不潔思想寫下：

a.

b.

c.

d.

e.

6.13 求聖靈引導你明白為甚麼你會有這些思想。這些思想是源自於哪些經歷？這些經歷需要被耶穌醫治，並且認罪、寬恕、釋放及宣佈：

a.

b.

c.

d.

e.

6.14 每一天面對你不明白的難題，無論是工作、學業、生活或聖經，你是否相信聖靈可以啟示和賜你智慧？（弗一17；約十六13）你是否每刻都去尋求祂的幫助，還是你自己去尋求解決方法？

6.15 在每一天的靈修中，你願意懇求聖靈引領你檢視所犯的罪嗎？（約十六8）並且請祂在你快要再犯罪時，及時提醒你？你又是否願意跟從聖靈的引導？

6.16 如果你盼望更深感受神的愛，可以求聖靈將神的愛澆灌在你身上，請把你的需要告訴祂：

盼望不至於羞恥，因為所賜給我們的聖靈將神的愛澆灌在我們心裡。（羅五5）

6.17 如果你不知如何禱告和敬拜讚美神，可以求聖靈引領和教導，請向祂提出你的請求：

況且我們的軟弱有聖靈幫助，我們本不曉得當怎樣禱告，只是聖靈親自用說不出來的歎息替我們禱告。(羅八26)

不要醉酒，酒能使人放蕩；乃要被聖靈充滿。當用詩章、頌詞、靈歌彼此對說，口唱心和地讚美主。(弗五18~19)

6.18 如果你需要安慰、加強信心、屬靈恩賜或合而為一的心，可以求聖靈賜給你，請將你的需要告訴祂：

那時，猶太、加利利、撒馬利亞各處的教會都得平安，被建立；凡事敬畏主，蒙聖靈的安慰，人數就增多了。(徒九31)

但聖靈降臨在你們身上，你們就必得著能力，並要在耶路撒冷、猶太全地、和撒馬利亞，直到地極，作我的見證。(徒一8)

所以我告訴你們，被神的靈感動的，沒有說「耶穌是可咒詛」的；若不是被聖靈感動的，也沒有能說「耶穌是主」的。恩賜原有分別，聖靈卻是一位。職事也有分別，主卻是一位。功用也有分別，神卻是一位，在眾人裡面運行一切的事。聖靈顯在各人身上，是叫人得益處。這人蒙聖靈賜他智慧的言語，那人也蒙這位聖靈賜他知識的言語，又有一人蒙這位聖靈賜他信心，還有一人蒙這位聖靈賜他醫病的恩賜，又叫一人能行異能，又叫一人能作先知，又叫一人能辨別諸靈，又叫一人能說方言，又叫一人能翻方言。這一切都是這位聖靈所運行、隨己意分給各人的。(林前十二3~11)

用和平彼此聯絡，竭力保守聖靈所賜合而為一的心。(弗四3)

6.19 如果你渴求被聖靈充滿，活出一個豐盛聖潔的生命，你可以向祂祈求：

與此同時，你也要願意完全順服祂的帶領，你是否願意簽發一張空白支票給祂，任由祂填上內容，學習過一個完全順服依靠祂的生命？

6.20 默想以下經文：

何況人踐踏神的兒子，將那使他成聖之約的血當作平常，又褻慢施恩的聖靈，你們想，他要受的刑罰該怎樣加重呢！(來十29)

神對你的說話：

第三部分總結：聖潔的生命

耶穌基督已經一次獻上祂的身體，叫我們因祂的寶血和真道，生命得著潔淨和醫治，被聖靈感動，成為聖潔（帖後二13）。呼召我們的神既是聖潔的，我們在一切的事上也要聖潔，這是神對我們與祂關係上的要求：「你們要聖潔，因為我是聖潔的。」（彼前一15~16）我們蒙恩得救後，如何持續過聖潔的生命？就是靠著聖靈的感動，成為聖潔。這不只是行為上要謹守真理，而是在與神的關係上的專一，在三一真神之外，不可有其他的偶像，不可

6. 聖靈與我

- 為賜下給你的聖靈感謝，因為祂可以成為我們隨時的幫助，並且住在你裏面。
- 為你常常漠視聖靈的帶領和感動而認罪。
- 為你的苦毒、污穢、扭曲、不潔及淫亂的思想向聖靈認罪，求祂保守你的心懷意念
- 宣告你要手潔心清，讓聖靈毫無障礙地在你生命中工作。

5. 耶穌與我

- 為耶穌對你毫不保留的犧牲之愛而感謝祂。
- 為你不願意去寬恕其他傷害你的人而認罪，因為你未能更深體驗自己的罪有多大，而基督的愛有多深！
- 宣告你願意回應耶穌的邀請，遵守祂的命令，一生一世住在祂裏面！

奉獻

宣佈

4. 天父與我

- 為天父的公義和慈愛獻上感謝，也因如此，才能呵護和規範你的生命。
- 為你將父母的負面形像投射到天父身上而認罪。
- 求天父讓你更深明白祂無微不至的愛。
- 宣告你被天父的愛所感動，願意寬恕父母被曾對你造成的傷害，也寬恕天父容許這傷痛在你生命中發

把任何事或人放在神之上，每天的生命要順從聖靈的帶領而行。在這一部分去檢視你過去及現在的屬靈的生命：你過去與神的關係、你與靈界的接觸、你與教會的關係及你現在與三一真神的關係中，去面對自己的小信、對神的叛逆、與弟兄姊妹關係上的裂痕及未能真正認識神。請為你以下每屬靈的生命的一個部分祈禱和祝福：

1. 我與神的關係

- 為你過去與神已建立的關係感謝神。
- 為祂過去______年對你不斷地施恩典和慈愛而感恩。
- 為你沒有看重與祂的關係認罪。
- 宣告你願意放下生命的一切而單單追求祂！

2. 我與靈界的接觸

- 感謝神從黑暗的捆綁中拯救了你。
- 為你及家族曾拜偶像及接觸靈界的勢力而認罪。
- 宣告你和你一家必一生一世事奉耶和華！
- 宣告基督是你惟一生命的主人！

聖潔的生命

感恩

釋放

3. 我屬靈的家

- 為神在過去藉著教會的教導，將真理／福音傳給你而感恩。
- 感謝神在地上為我們預備屬靈的家，為你的教會感謝神，這是神用祂的寶血買贖回來的。
- 為你曾在言語、態度或行為上傷害教會的弟兄姊妹向神認罪，也向他們道歉！
- 你願意因基督的愛寬恕在教會裏那些曾傷害你的人，把每一個曾傷害你的人交到基督的手裏，不再糾纏於過往的傷痛上嗎？宣告你的決定！

聖潔生命的整合：

1. 寫三封信，分別給天父、耶穌及聖靈；重整你們的關係，分別為聖：為你過去與祂們三位已建立________年的關係感恩，回顧過去，瞻望將來，你希望與祂們的關係會如何發展？告訴祂們，你曾如何尋求其他靈界力量、用自己的方法或倚靠人的勢力而傷害了祂們的心，並且在以後的路上，你也可能會繼續傷祂們的心，求聖靈幫助及提醒你。感謝祂們為你預備教會，告訴祂們你對教會的感受。這個反省的經歷帶給你的反思：你對自己、人及三一真神的了解有甚麼新的體會，也帶動心中甚麼的渴求，以及向神說出你心底的話。或你想向神獻一個感恩的祭，向神讚美和感恩是神所悅納的祭（來十三15；詩五十23上；詩一一六17）。

2. 如果可以用一幅圖畫去表達你的聖潔生命，這幅圖畫會是怎樣？或你可以寫一首詩來表達你的心聲！

第四部分：**將來的我**

與祢相遇

尋尋覓覓，人生為何？
心中之苦，無法擺脱，
花花世界，未能填補，
教堂聲中，遇不見祢！

兜兜轉轉，不能逃避，
讓祢進入，心中痛苦，
祢的出現，劃破孤單，
祢的説話，醫治破碎，
祢的慈容，喚醒真我，
在祢愛中，找到自己。

恍然明白：
沒有祢，哪有我？
沒有捆綁，哪有自由？
沒有苦難，哪有恩典？
沒有破碎，哪有醫治？
有祢相伴，活出真我，
共同創造，豐盛生命。

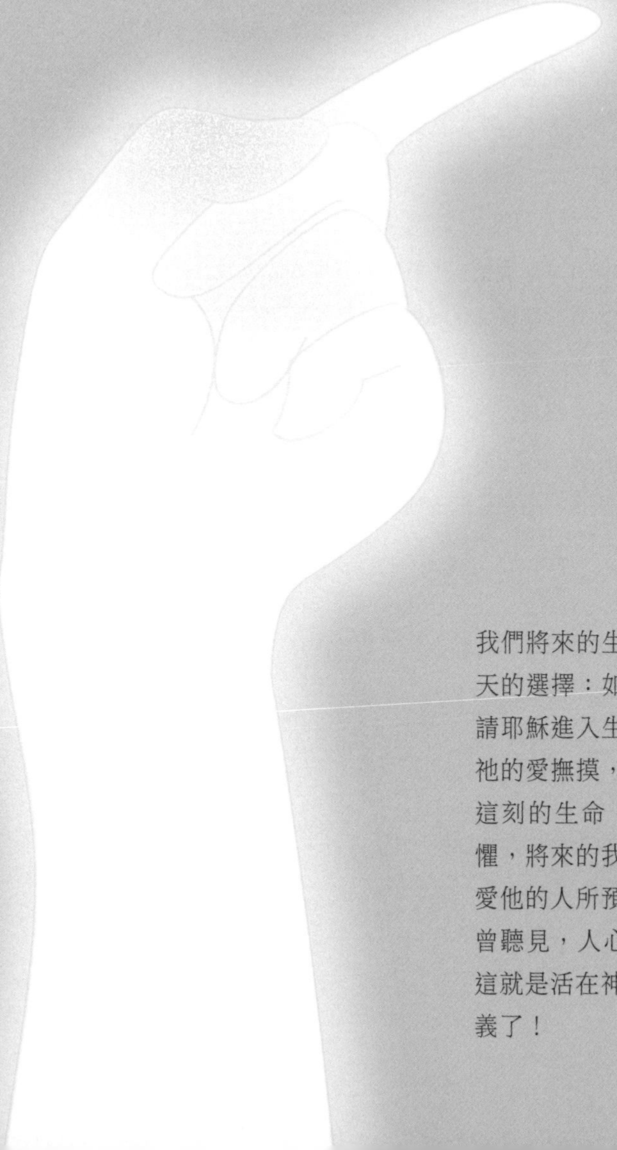

我們將來的生命會是如何，完全取決於我們今天的選擇：如果我們願意開放我們的生命，邀請耶穌進入生命的每一個部分每一個時段，被祂的愛撫摸，經歷祂的醫治，並且讓聖靈掌管這刻的生命，幫助我們突破自己的限制和恐懼，將來的我是會超乎我的所想所求：「神為愛他的人所預備的，是眼睛未曾看見，耳朵未曾聽見，人心也未曾想到的。」（林前二9）這就是活在神豐豐富富充充足足的恩典中的含義了！

壯年的我

當成年的我學習了如何去愛人、愛己及愛神後，便進入第七階段 （大概由三十五至六十五歲）。這個階段的成長任務是生產力（generativity）；將所累積的智慧、美德和盼望傳遞下去或服事社羣，當中包括：為能夠養育兒女而感驕傲和滿足、達到成熟的階段時用豐富生命來培育和指導下一代。男性和女性在此時會面對不同的危機：女性傾向由關懷別人（養育兒女） 的需要，轉向關懷自己的需要（開始自己的事業）；而男性則是相反，由關懷自己的需要（犧牲關係去發展事業），轉向關懷別人的需要。男性開始發展女性的特質，而女性開始發展男性的特質。關懷能化解中年危機，所以要尋找新的方法去關懷自己及別人。艾瑞克森認為，取得兩者之間的平衡是這階段的任務。

關懷能幫助人成長，發展人的潛能，這是人生命的主要動力，促使人將自己貢獻給他人或社會。關懷也整合了充滿和空虛、成功與失敗、成就與慣常工作。如果生產力未能被完全地發展，人便會感到喪失了貢獻自己的機會，可以導致中年危機，會容易變得自我中心及生命停滯不前。

1.1 你發現自己有甚麼恩賜？你認為你目前的生命是否能充分地發揮神所賜給你的恩賜？如不能完全發揮恩賜，原因何在？

1.2 你的生命中，哪些活動或使命能給你帶來生命的動力或激情？

1.3 你是不是認為目前的生活空虛而沒有意義？或不夠豐盛？問題出在哪裏？

1.4 如果你知道自己已經走完了前半生，回顧你所行過的路，你會有甚麼感受？面對你的後半生，前面的路，你想如何走？如果你不滿前半生的路，你會如何計劃下半生的路，以致不會重蹈覆轍？

1.5 化解中年的危機的其中一個的方向，就是尋求新的方法去關心自己和別人，去發展被埋藏的一面：如果你是「弱的我」，你可能需要更關心自己的需要，更表達真我；如果你是「壞的我」，你可能需要更關心別人的需要，學習放下自己，享受生命的每一天！你認為哪些是你埋藏的一面？

1.6 如果你知道改變自己和成長的方向，卻未能向這方向前進的話，原因何在？有甚麼恐懼阻礙你成長？

1.7 你有沒有對某些人的需要或事工特別有感動？你願意憑信心去回應神給你的感動，不因為自己太渺小或事工太困難而放棄嗎？你願意為神向前踏出一步嗎？你懼怕甚麼？

1.8 如果這刻神邀請你將你的生命完全奉獻給祂，你會猶疑嗎？你最恐懼神會呼召你去哪裏或做甚麼？這恐懼是否阻擋你將生命的主權完全向神敞開？

1.9 想像你處於你最恐懼神呼召你去的地方或正在做你最恐懼神呼召你去做的事，然後讓耶穌與你一同面對那情境。將你的恐懼告訴耶穌，看祂如何幫助及回應你：

1.10 如果你用信心踏出，而你最恐懼的情景真的發生，那又會怎樣？當你體驗耶穌的同在，你有甚麼感受？將你的恐懼告訴祂，看祂如何幫助你：

1.11 你的男性和女性特質是否平衡地發展，哪一種特質被埋沒了，需要重新發展？

1.12 回想自己有沒有一些險些喪命或大病復元的經歷，那刻的經歷令你對生命有甚麼不一樣的領受？你會否因此而放開懷抱，自由地去完成一些心願？回想你當時的心情，是否很感激神拯救了你的命，甚至願意不惜一切去回應祂給你的呼召？

1.13 如果你未曾有這些險死還生的經歷，想像自己在一場車禍中，驚險地逃出生天，奇蹟地拾回了性命，那一刻的經歷會否令你對生命有不一樣的領受？會否令你改變生命的方向？你是否很感激神拯救了你的命，而願意將你餘下的生命獻給祂？

老年的我

當壯年的我學習了如何去尋找新的方法去關懷自己及別人後，便進入第八階段（大概由六十五歲以後）。這個階段的成長任務是達至一個完整的感覺，勝過絕望，找到智慧。當壯年的我邁向人生的尾聲，對人生不同的階段，對過去、現在、將來有一個完整的整合；接納生命中所經歷的一切：好的、壞的、開心的、不開心的；融合生命中的喜樂和絕望，克服對這不滿足生命面臨死亡的恐懼，從而產生對生命的智慧。

2.1 你對自己的一生有甚麼評語？

2.2 回想你的一生，最大的遺憾是甚麼？你是否有為你失去的而感到哀傷？

2.3 請你把你的遺憾告訴耶穌，耶穌如何回應你？耶穌是如何面對祂自己的遺憾？

2.4 你最懷念的故人是誰？她／他對你有甚麼影響？

2.5 影響你最深的人是誰？她／他對你有甚麼影響？

2.6 為你最懷念的故人及影響你最深的人而感謝神，因為他們豐富了你的生命，也給你帶來美好的回憶。如果你曾因他們的離開而感到被傷害，使你停滯不前，你願意將他們和自己的需要交到耶穌的手中嗎？把你的感受與渴求告訴祂：

2.7 進入老年的我，面對自己身體的衰退及多病，你心中有甚麼感受？將你最恐懼的事告訴耶穌。耶穌應許無論生死患難，祂也與我們同在，你能否體驗祂的同在，心中有甚麼安慰及幫助？

2.8 如果你知道你尚餘一年的壽命，你會如何去安排你最後在世的日子？有哪些事或未完的心願你必須完成？

2.9 你希望如何安排你的葬禮？你希望別人如何紀念你？你想你的訃文會是怎樣的呢？

2.10 面對死亡，你最大的恐懼是甚麼？體驗耶穌和你一起面對你恐懼的情境，將你的恐懼告訴耶穌，看祂如何幫助及回應你：

2.11 想像你處於你最恐懼神呼召你去的地方或正在做你最恐懼神呼召你去做的事，然後體驗耶穌與你一同面對那情景。將你的恐懼告訴耶穌，看祂如何幫助及回應你：

2.12 認識耶和華是智慧的開端，你是否真正認識耶和華？透過這本書的習作，你對神的認識有加深嗎？這又是否令你對生命多了一份智慧？

2.13 你是否願意祝福身邊的人，用你豐富的經歷去幫助有需要的人？你如何實行呢？

2.14 你是否願意祝福自己和身邊的人？請寫下對自己及別人的祝福。

自己：

別人：

真正的我

真正的我源自於能夠真實地面對自己，並且接納自己不好的一面。從這本書四個不同部分的習作，去接觸真正的你，你的生命才是真正開始！與神與人開始建立不一樣的關係！

3.1 當你到達了這本書的最後的一節，你有何感想？你是否對自己、人及神有更深的體會？

3.2 你是否已完全接納你的過去、不足、破碎、限制、過失、傷害和醜陋？你是否已經原諒自己？如果你仍然有些不能原諒自己的地方，原因何在？是否仍然有些未被醫治的經歷？請告訴耶穌：

3.3 當你能夠有勇氣去承認和接納自己如此恐懼、批判、無助、軟弱、失敗、無能，那種感覺是怎樣的？一方面，去包容自己醜陋的一面是非常難受；另一方面，卻可以尋回失去的自己，感到完整。你的經歷是如何的呢？

3.4 你又是否能夠接納你的身邊人的不足、破碎、限制、過失、傷害和醜陋？你是否能夠原諒他們對你的傷害？如果你仍然有些不能原諒他們的地方，原因何在？是否仍然有些未被醫治的經歷？請告訴耶穌：

3.5 你能否體驗真正活著的滋味，感覺如何？其中的關鍵是你是否能夠與自己保持聯繫，誠實面對自己的感受，坦誠與別人分享。當你能夠觸動自己和別人的心弦，是否感受到那份震撼和充實？

3.6 與神真實相遇的那份感覺，有沒有令你心動？當你向神完全展現你真正的生命時，你有何體驗？你是否感受到那份美麗並不是因為你完美，而是因著你真實地彰顯了自己？

3·7 當你接觸真正的你後，你也會開始意識你內在真正的需要、心願和理想。你希望將來真正的你會是怎樣？嘗試給她／他一個表達的空間，她／他的信息會是怎樣的？你可以用文字、圖畫或拼圖去表達。

3.8 人能活出真我，是源於神的恩典：祂揀選、救贖、潔淨和醫治了你，並且叫你成為聖潔，沒有祂，你也沒有真我，你願意如何回應這份白白的恩典？

3.9 默想以下經文：

耶穌回答說：「有一個人從耶路撒冷下耶利哥去，落在強盜手中。他們剝去他的衣裳，把他打個半死，就丟下他走了。偶然有一個祭司從這條路下來，看見他就從那邊過去了。又有一個利未人來到這地方，看見他，也照樣從那邊過去了。惟有一個撒馬利亞人行路來到那裏，看見他就動了慈心，上前用油和酒倒在他的傷處，包裹好了，扶他騎上自己的牲口，帶到店裏去照應他。第二天拿出二錢銀子來，交給店主，說：『你且照應他；此外所費用的，我回來必還你。』」(路十30~35)

如果你就是那個被人打得半死的人，耶穌就是那位動了慈心的撒馬利亞人，拯救和醫治了你，你有甚麼感受？你會如何回應耶穌的醫治？

3.10 神已經應許祂會醫治你，你會不會相信祂？

我的心哪，你要稱頌耶和華！不可忘記祂的恩惠！他赦免你的一切罪孽，醫治你的一切疾病。他救贖你的命脫離死亡，以仁愛和慈悲為你的冠冕。他用美物使你所願的得以知足，以致你如鷹返老還童。(詩一〇三2~5)

第四部分總結：**委身的生命**

我們被呼召成為聖潔，就是要順從聖靈的感動，這是對神完全開放的心態，也就是委身生命的含義，將自己完全地連繫於基督，活在祂的愛中，完完整整將自己奉獻給神，這是回應神對你的愛：是樂意的、毫無保留的、出於信心的委身。在這一部分去展望將來的你：與耶穌一起去面對壯年的我、老年的我及真正的我，共同去實現神在基督裏所創造的你。請為你將來每一個階段的你祈禱和祝福：

1. 壯年的我

- 為你過去的生命感謝神！宣告你會如何使用你餘下的生命！
- 為神給你的恩賜而感恩，宣告你要憑信心去使用神給你的恩賜，而不埋沒所賜的恩賜！
- 你是否願意將你的恐懼交給耶穌，讓祂帶領你展開被埋藏的一面？
- 宣告你願意完全讓聖靈幫助你發展你的男性及女性特質！

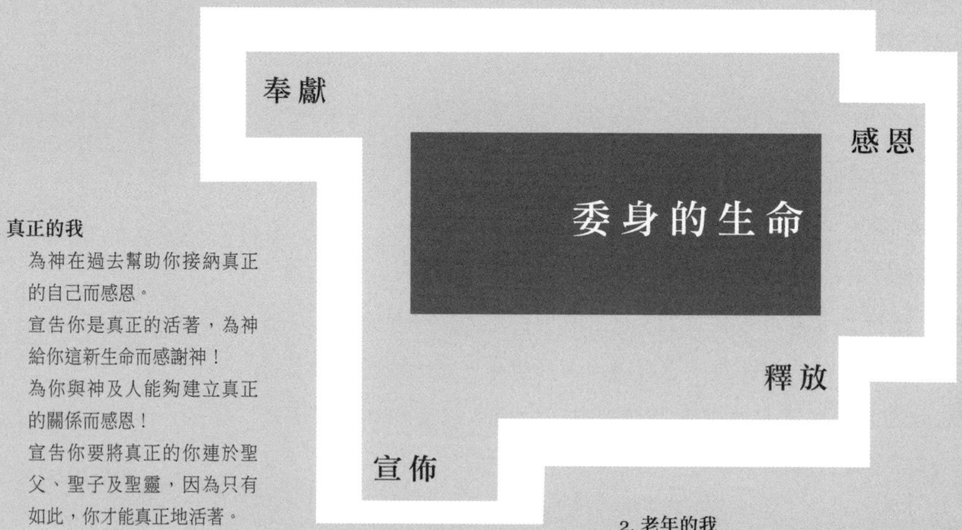

3. 真正的我

- 為神在過去幫助你接納真正的自己而感恩。
- 宣告你是真正的活著，為神給你這新生命而感謝神！
- 為你與神及人能夠建立真正的關係而感恩！
- 宣告你要將真正的你連於聖父、聖子及聖靈，因為只有如此，你才能真正地活著。

2. 老年的我

- 感謝基督已勝過了死亡，藉著基督你可以宣告不再被死亡所
- 宣告你願意將你的生命完全開放給神，將你的恐懼交給耶穌
- 宣告認識耶和華是智慧的開端，你必以認識耶和華為你的至

委身生命的整合：

1. 寫一封信給神，感謝祂為你預備的一切，回想在這一部分的習作中，你會如何與祂一同計劃和想像將來可以走的路，你心中有甚麼理想和渴求？這個經歷帶給你甚麼反省？你對自己、人及神有甚麼新的體會和理解？向神說出你心底的話：

2. 寫一封信給自己，宣告自己向神委身的生命：因為你的真我是源於神揀選、救贖、潔淨和醫治你，並且使你成為聖潔。你是否願意完完全全將真正的你獻上給神，毫無保留地委身，並且經歷在基督裏的自由與豐盛，因而得著更大的祝福？

3. 如果可以用一幅圖畫去表達你委身的生命，這幅圖畫會是怎樣的？或你可以寫一首詩表達你的心聲！

附錄

附錄一：默想經文

- 神就照著自己的形像造人，乃是照著他的形像造男造女。(創一27)
- 耶和華啊，你已經鑒察我，認識我。我坐下，我起來，你都曉得；你從遠處知道我的意念。(詩一三九1~2)
- 因我看你為寶為尊；又因我愛你，所以我使人代替你，使列邦人替換你的生命。(賽四十三4)
- 我以永遠的愛愛你，因此我以慈愛吸引你。（耶三十一3下）
- 凡接待他的，就是信他名的人，他就賜他們權柄作神的兒女。(約一12)
- 以後我不再稱你們為僕人，因僕人不知道主人所做的事。我乃稱你們為朋友；因我從我父所聽見的，已經都告訴你們了。(約十五15)
- 你們所受的，不是奴僕的心，仍舊害怕；所受的，乃是兒子的心，因此我們呼叫：「阿爸！父！」(羅八15)
- 世人憑自己的智慧，既不認識神，神就樂意用人所當作愚拙的道理拯救那些信的人；這就是神的智慧了……神卻揀選了世上愚拙的，叫有智慧的羞愧；又揀選了世上軟弱的，叫那強壯的羞愧。神也揀選了世上卑賤的，被人厭惡的，以及那無有的，為要廢掉那有的。(林前一21、27~28)
- 使你與人不同的是誰呢？你有甚麼不是領受的呢？若是領受的，為何自誇，彷彿不是領受的呢？(林前四7)
- 你們受洗加入基督的都是披戴基督了。並不分猶太人、希臘人，自主的、為奴的，或男或女，因為你們在基督耶穌裏都成為一了。(加三27~28)
- 你們既屬乎基督，就是亞伯拉罕的後裔，是照著應許承受產業了。(加三29)
- 你們得救是本乎恩，也因著信；這並不是出於自己，乃是神所賜的；也不是出於行

為，免得有人自誇。(弗二8~9)

- *我靠著那加給我力量的，凡事都能做。(腓四13)*
- *我的神必照他榮耀的豐富，在基督耶穌裏，使你們一切所需用的都充足。(腓四19)*
- *因為你們已經死了，你們的生命與基督一同藏在神裏面。(西三3)*
- *但有人在經上某處證明說：人算甚麼，你竟顧念他？世人算甚麼，你竟眷顧他？你叫他比天使微小一點，賜他榮耀尊貴為冠冕，並將你手所造的都派他管理。(來二6~7)*
- *你們中間若有缺少智慧的，應當求那厚賜與眾人、也不斥責人的神，主就必賜給他。(雅一5)*
- *惟有你們是被揀選的族類，是有君尊的祭司，是聖潔的國度，是屬神的子民，要叫你們宣揚那召你們出黑暗入奇妙光明者的美德。(彼前二9)*
- *你們年幼的，也要順服年長的。就是你們眾人也都要以謙卑束腰，彼此順服；因為神阻擋驕傲的人，賜恩給謙卑的人。(彼前五5)*

附錄二：性別形像的建立

性別角色

對一般人來說，建立自己的性別形像，是一個較為陌生和抽象的概念。大多數的人都會問：何謂性別形像？這是否一個重要的課題？在討論性別形像之先，讓我們先討論何謂「性別角色」。性別角色是指某一文化所認可的男性和女性應有的行為、價值觀和信念。

一般人想到男性時，都會聯想到強壯、數理分析能力強、穩重、安全感等；而想到女性時，則會聯想到溫柔體貼、美麗、智慧等。這些都反映出社會對男性和女性的角色標準，以及對男女特性的不同期望。即使在跨文化的研究中，我們也會發現在不同文化裏，亦有這種對兩性期望的差異，這些差異反映了社會對性別角色及行為的信念與態度。在社會化的過程中，性別角色的信念和態度，會受文化及社會影響，漸漸形成「刻板形像」。在我們開始有性別概念的時候，社會和教育便不斷地教導和灌輸這些兩性形像給我們，我們透過學習和體驗，便接收了這些既定的形像。例如：幼兒玩耍時，男孩子不會玩洋娃娃，否則會被笑是「娘娘腔」；相對來說，女孩子玩「男孩子」的遊戲，例如騎馬打仗、扭打一團的遊戲，也會容易被視為粗魯，但相對「娘娘腔」來說，已是較為被接納的行為。

性別形像

性別形像較性別角色更為深層，這是一種內在、持續和堅持對自己作為一個男性或女性的自我意識，對自己作為一個怎樣的男人或女人的定義。健康的性別形像，對每一個人都很重要，它象徵著一個人喜歡自己作為一個男人或女人，欣賞自己的性別，充分發揮內在男性或女性的特質，沒有羞愧或歉意。

性別形像的形成

性別形像的形成源於嬰孩期，嬰孩的照顧者大多數都是女性。作為一個女孩子，她們的女性形像的形成，是建基持續與母親／照顧者的聯繫；而男孩子則漸漸意識到自己與母親／照顧者擁有不同的性別，因此他們的男性的形像是建基於與母親／媬母的分離。所以，男性透過分離來學習定義他們的形像，而女性則以聯繫來學習定義她們的形像。[1]

除了源於與母親／照顧者的關係外，性別形像受身體的不同構造所影響。男性的陰莖作為一個讓他們刺入及探查外在神祕世界的工具；而女性的子宮則是一個內在的神祕世界，去接收及孕育生命。從兒童玩積木的調查中發現，男孩子傾向建立高的屋或塔，並且假想的內容多為危險或刺激的活動；而女孩子側重建立矮的房屋，注重內部的建設，充滿平靜的氣氛。因此，我們可以總括出男孩子注重外在空間：而女孩子的焦點則注重內在空間。[2]

吉利根（Carol Gilligan）的研究[3]也引證男性傾向以個人權利的原則去作道德的決定，而女性則傾向以維持關係的原則去作此決定。因此，不同的研究都一致認定女性的特質是回應的能力：注重聯繫、關係、合作、接收性（容納性）和內在空間；而男性的特質則是啟發的能力：注重分離、自主、競爭、侵入性和外在空間。因此，女性特質是一種開放式的意識 （feminine open awareness），關注人與人彼此的連繫及過程；而男性特質是一種焦點式的意識 （masculine focus awareness），關注結果和目標。[4]然而，心理學家榮格（Carl Jung）認為每一個人也有另一面的隱藏性別特質：女性也有男性的特質（masculinity） 或男性也有女性的特質（femininity）。

雖然艾瑞克森承認男女在性別形像的形成過程有別，但在他自己的生命成長階段理論裏，卻沒有注入這個關注：對男性的成長歷程來說，因為他們是以分離來認識自我形像，所以他們在進入親密關係之前，便應該已經建立起自己的性別形像；而女性是從關係中認識自己，因此，她們未必一定能在進入親密關係之前建立起自己的性別形像。現代的文化及心理學的發展，也會較偏重以自主和獨立作為成熟的指標，以致認為建立男性特質是較可取的，而女性特質著重的聯繫能力，則容易被視為倚賴及不成熟的表現。[5]

男女性別的特質

性別形像是透過人際互動關係而形成，亦受身體的構造所影響，社會文化及家庭的教導，也影響孩子如何去理解哪些性別特質是被接納的，哪些是不被接納的。此外，父親或母親已成為該性別特質的模仿對象，並且，孩子與同性別父母或不同性別父母的關係，都會影響孩子對該性別特質的接納。例如：如果一個男孩子在身體和情緒上被父親虐待，導致他很憎恨父親，他很自然會抗拒男性的關係和男性的特質，也影響到他對自己作為一個男性的看法。

心理學和社會學對同性戀的研究顯示，「童年性別不協調」（即孩童對自己性別感到矛盾，與同性羣體相處時感到不協調）和與同性父母的關係，都是影響同性戀傾向的因素。心理學家認為兒童跟同性父母不和，會使他們出現難以融入同性羣體的問題，覺得自己跟同性同伴「不同」。因此，一個健康、安全和不會出現矛盾衝突的性別形像的形成，很在乎孩子與父母能否建立情感上的倚賴與和諧的關係。

性別形像與神的形像

創世記一章27節記載，神按著自己的形像造男造女，因此男和女性的形像皆由神而來。

在聖經中，神除了以天父、父親的形像（太三17；詩六十八5）表達自己之外，也以母親的形像來類比祂對我們的眷顧：「母親怎樣安慰兒子，我就照樣安慰你們；你們也必因耶路撒冷得安慰。」（賽六十六13）既然我們是按著神的形像受造，我們每一個人都擁有男性及女性的特質，如今只是因應我們成長的經歷、家庭及社會的文化薰陶，而強化了某些被接納的特質，壓抑了某些不被接納的特質，從而形成兩性化的極端。其實我們每一個人都擁有兩性化的特質，只是通常隱藏了某一種的性別特質罷了。

生命更新的醫治，包括將神賜給我們的男女性形像充分發揮出來，能夠在適當的時候注重聯繫、關係、合作、接收性（容納性）和內在空間；而在另外一個適當的時候則注重分離、自主、競爭、侵入性和外在空間。所以，我們要在這兩種性別特質間，取得適當的平衡，在不同的需要下發揮不同的特質。因此，對於以男性特質為主導的人（較多以「壞的我」作為相處模式）需要學習放下自己，嘗試接納和跟隨對方；對於以女性特質為主導的人（較多以「弱的我」作為相處模式）需要學習表達自己，充分活出神所創造的我。如果繼續傾則某一個方面，只會加深心靈的捆綁而不是被醫治。對以男性或女性特質為主導的人，「放下自己」的真正含義，就是活出真正的自己，而不再活在虛假之中，繼續受制於驕傲或不足的感受！

不同性別特質為主導的人，對神的形像也有不同的嚮往。以男性特質為主導的人，較強調神的超越性（transcendence）；而以女性特質為主導的人，則較強調神的內在性（immanenece）。這兩種真理需要並存：神在我們之外，卻又在我們之內；如何能夠經歷神的大能，卻又能夠感受祂忍耐等候我們回轉的慈愛。在教會的教導中，我們對神的認識較傾向於前者，強調神的男性形像，而忽略祂的女性形像，因而也容易只將對男性化的形像投射到神身上，對祂的認識有欠全面！

附錄三：性侵犯與性沉溺

性侵犯

在香港，女孩子被非禮的個案非常普遍，尤其是居住在屋邨或複雜環境的孩子，父母忙於工作，往往會疏忽了孩子的安全問題，也有些是在家中被父親或兄長非禮的。很多人以為，這些事情已經發生了很久，自己也淡忘了，所以也不以為意。其實不正常的性經歷對一個人的影響深遠，若這個經歷發生於年幼時期，所受的傷害便更嚴重。性侵犯會影響孩子對人的信任、如何去看自己及難以與異性（侵犯者的性別）建立健康關係，也不知道如何界定親密關係的界線。當孩子被性侵犯後，會感到這個世界是不安全的，會產生恐懼的情緒。如果性侵犯是在家庭中發生，更會令孩子感到連家也不是安全的地方，整個人經常處於緊張的狀態。如果父母知道孩子被侵犯，向孩子表現出無能為力的樣子，孩子便會感到更加無助。如果父母怪責孩子，會令他們更質疑自己，更加內疚，也因此感到不被父母接納，更加收藏自己的感受。

被性侵犯的孩子會感到自己身體變成污穢、醜陋、有污點、是已被摧殘的，於是很容易認為自己就如身體一樣，是污穢、醜陋和不被接納的，不會愛惜自己。也可能怪責自己是導致被侵犯的罪魁禍首，認為自己是淫褻、邪惡或不正當的人，嚴重影響個人的自我形像。這是因為在被性侵犯的那刻，身體卻因為性器官被刺激後，造成一種愉快享受的感覺，令當事人感到迷惘，好似自己也有責任，可能自己潛意識中也喜悅這行為。其實，這種愉快享受的感覺是自然的生理反應，所以，被侵犯者在性侵犯的事件中完全沒有責任，不應該怪責自己。

除了自己的形像受損外，被侵犯的女性難以與男性建立健康的關係，他們可能很害怕再被傷害而導致難以信任男性，或他們因恐懼而不能很自然自由地表達自己的需要，也不敢設立合適的界限，容易在性關係上又再一次接受自己不願意的性行為，甚致可能因婚前性行為而懷孕，被逼墮胎、早婚或成為單親媽媽。因此，被性侵犯的經歷需要被醫冶，並且需要尋求專業輔導／治療，明白這經歷對自己的影響。

性沉溺

性沉溺與性侵犯的關係密切，往往曾被性侵犯的人，容易形成性沉溺的習慣。另一類的情況是孩童在年幼時，不合宜地接觸關於性交的電影、畫報、圖片、看到或聽到父母的性行為，或看到父母赤露下體，這對年幼的孩童，都會造成很大的心理衝擊。這可以被形容為心理上的強姦。也有些人，他們的童年性經歷源於對身體的好奇，玩弄自己生殖器官，或互相觀察異性的身體和加以撫摸。這種過早的性經歷，對孩童的心理發展也會造成一定的阻礙，並且可能會形成自瀆（或稱自慰／手淫）的習慣。

在青春期發育的過程中，因對性的好奇而自瀆的年青人，大多數可能嘗試幾次後就會停止。但是，成年後仍有慣性自瀆的人，心理上仍然停留在青年自戀的階段（自我中心），未能發展至成年或壯年的成熟階段，未能將心靈眼睛轉向注視外在的人或世界。自瀆是發育期的一個特徵——自戀階段的延續，與人關係的割離。自瀆給人一種一切都很順利、很好的感覺，嘗試使心靈得以存活。這種感覺是與性無關的。它是一種錯誤的自愛方法，將愛轉向自己，因為不能與人分享生命，心靈只會變得更加孤立，無法融入同輩羣體，更加缺乏安全感，而每一次的自瀆只會令自己更空虛和內疚。

以下是一個藝術工作者對自瀆生動的描繪及對他個人及創意生命影響的領悟：[6]

「〔自瀆〕這個字，一直在我心上‧‧‧‧‧‧連同一幅圖畫。」

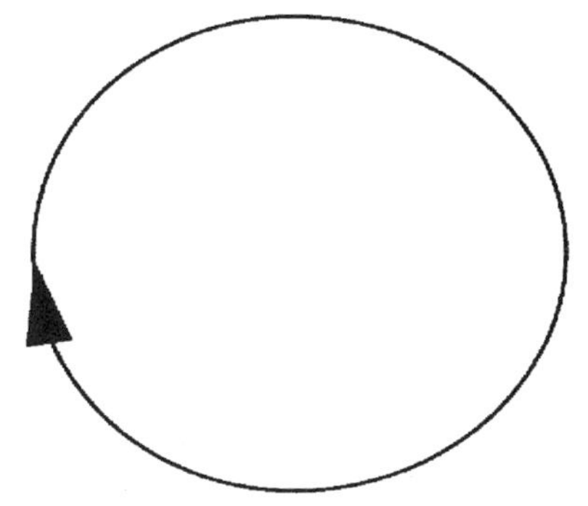

「自瀆，對身體來說，是一件自我扭曲的事情。它的焦點是內向。它不與人分享，不認識『給予』這個動詞。它是自我燃燒的火，就是這幅圖。生命被罪疚的環子包圍著。」

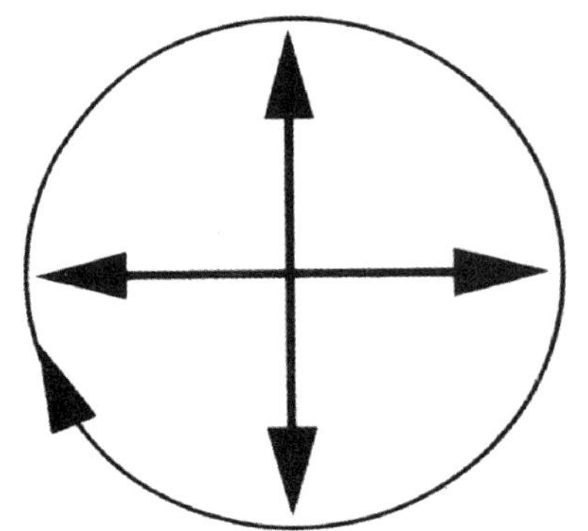

「一個抑制自由的軀殼……接踵而來是嚴重的自我排斥、肉體的孤單、缺乏自我接納的能力。」

這些是他個人生活體驗的描述，實際上也是他作為一個藝術家的障礙。他豐富的藝術天分不能自由地、完全地與他人分享。因此他說：「這幅圖畫極需要畫成這個樣子。」

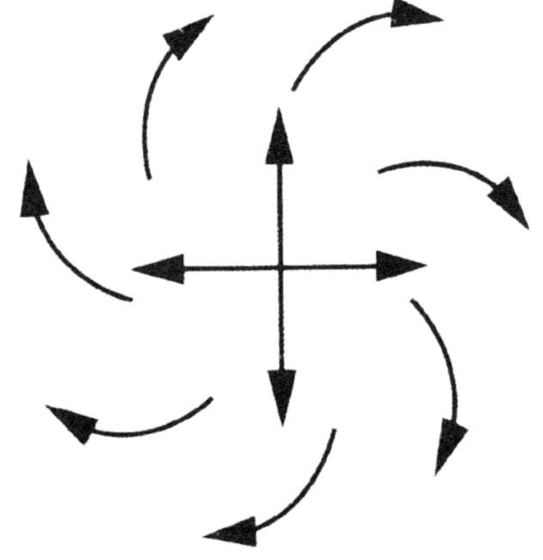

「放鬆！開放！分享！自由！（他在寫作、繪畫、演藝上的）豐富創意現在可以自由地從裏面向外湧流，不只是在裏面沸騰，不只是埋藏在內裏，而是慷慨地與他人分享。」

因此，童年未能與父母或照顧者建立安全的聯繫，情感上被忽略，心靈極度空虛孤單，滿有恐懼，缺乏感到被愛的人，與人關係割離，容易以自瀆去取代愛的關係。因為「沒有人生出來便有愛自己的能力，這是不容置疑的事實。」[7]一個未曾或未有足夠經歷愛的人，沒有能力去愛其他人，或者沒有足夠的能力去愛，無論對神對人，也是如此！所以，自瀆是一種不正確的自戀，也是某形式的自恨！

國明的經歷，可以幫助我們更深體會那種自毀的綑綁。國明已婚，也有孩子，但是仍然被性沉溺所綑綁，不能自控地瀏覽黃色網頁和刊物，用自瀆去舒緩自己的情緒。雖然他知道這是神所不悅的，卻無法自拔。他前去接受輔導，與治療師一起去探討自己是如何養成自瀆的習慣。在治療師的協助下，國明禱告邀請耶穌和他一同面對那次經歷。藉著默想和禱告，國明回想一次感到性興奮的經歷，那時他因為留級的原故，同班的全都是新同學，他覺得很自卑，也覺得很悶、很寂寞。所教授的東西，他都是已經聽過一次，要重聽一次，就像坐牢一樣辛苦。班裏的同學沒有人留過級，他找不到人傾訴，亦沒有人明白他。小息時無所事事，看到別人踢球又不敢參加，只有在龍門後面拾球的份兒。他在班房裏意外地觸摸到自己的生殖器官，並發現了這是令自己感到興奮的方法。突然找到一些刺激和滿足，他沉迷不已。從此，他每天自瀆一或兩次，一感到苦悶，就觸摸自己的性器官。老師發現他有異樣時，就裝作若無其事、不作聲，在老師心目中他是沉靜的學生，只要不出聲，望著他們，就可以了。

當國明向耶穌說出他當時的狀況時，他開始哭泣，覺得自己好可憐，只能以自瀆每日換來幾秒鐘的滿足和快感。表面看似正常，內心卻空洞乾涸。就像每日只靠一滴水來生存，而這滴水更是一滴鹹的水，結果愈飲愈渴。他沒有其他選擇，甚至明知這滴水並不能解渴，只會令他更渴，他也要渴求這鹹水，他沒有任何其他辦法！

到後來，國明不只在學校如此，在家裏沉悶時，他亦以自瀆來尋求刺激。他會靜靜地爬到兩個浴室之間的天窗，偷窺別人洗澡，令自己有一些刺激和開心時光！逐漸地，他對女性身體有很大的好奇，趁隔壁女孩睡覺時去摸她的身體！

國明的禱告令他經歷到耶穌對他的接納，聖靈提醒他要接納自己的過去，正如主已接納他一樣：他要擁抱過去，如祂擁抱他一樣；他要經歷主的恩典，祂的保守，看顧他及他的家庭。

國明也明白到，自己是可以將咒詛變成祝福的。他所喝的鹹水，被耶穌的活水所取代，耶穌的愛流入他心靈深處，令他成為流通的管道，不再以痛苦與人連繫，而是從苦中出來，以愛與他人連繫。這樣便能使咒詛變成祝福。

國明不單經歷耶穌的接納，他也明白到，主會使用他的經歷，令他去愛身邊的人。因他自己曾受過苦，便格外明白別人的苦，因此他願意成為主所使用的工具，將祂愛的恩典，給任何一個不認識祂的人，讓主透過他將別人從苦海中拉出來。傷痛不是問題，在祂裡面，有轉化、有醫治；昔日的傷痛成為了他今日的熱誠和激情，同理心使他能深切地與人一起受苦！

醫治與更新

淫亂與其他罪行不同之處，是因為它不只是外在的行為，生理的表現；而是深入我們的人格的深處，連結心理及靈性的層面。性是神所賜給人的禮物，讓人可以在婚姻關係中將自己完全給予對方，是人與人身心靈聯繫的高峯，二人可以成為一體的奧妙之祕。然而，將神的禮物成為武器工具，可以造成心理上極大的傷害，遺害甚深；靈性上也成為與神關係的阻隔！

過去曾受性侵犯，或在年幼時，不合宜地接觸關於性交的電影、畫報、圖片、經歷，或不合宜地接觸自己的性器官，都需要經歷耶穌的醫治。並且，要為這種錯誤自愛的方式向神認罪，同時也要忍耐自己可能仍舊會跌倒。現在要開始意識自己如何在關係上與人與神保持疏離，並且，學習開放自己封閉已久的內心，嘗試與神與人建立關係上的聯繫，以致不會因心靈極度空虛孤單而用性行為去抓住關係或用自瀆去滿足心靈的渴求。同時也要面對曾與父母關係割離的經歷，以致那個經歷不再影響自己與人相處的模式，改變疏離的自動化機制。

國明的另一次經歷，可以幫助我們明白，神的醫治可帶來的轉化和更新。

國明回想起童年時某一次被媽媽毒打的經歷，當時他覺得好痛，身和心都十分痛苦。媽媽失控地不停打他。他感到母子關係也被打斷了，因此非常傷心。於是他禱告，邀請耶穌和他一起面對那次可怕的經歷。他感到耶穌的支持和安慰，媽媽不單打他，也打在耶穌身上，使他更深明白主耶穌如何：「擔當我們的憂患，背負我們的痛苦……因祂受的鞭傷，我們得醫治。」（賽五十三4~5）國明知道他所受的痛苦，主也嘗過，祂明白國明的痛苦，因祂也曾受過鞭打。主耶穌因著愛而為世人承受鞭打，祂愛國明，也愛國明的媽媽，所以，當國明被媽媽毒打時，主耶穌是最痛苦的那一位。國明甚至體會到，主耶穌愛他，為他擋住和承受那些毒打，打在主耶穌身上的，比打在他身上的還要多。明白到這道理，國明便可以從傷害裏慢慢復元。

這個經歷使國明更加相信主耶穌明白他心中的苦和孤單。在十架上，主耶穌也是一個人孤單面對這極大的痛苦，甚至呼叫：「父啊！父啊！為甚麼離棄我？」三位一體的真神，自有永有的親密團契，在永恆中斷開。國明從耶穌的受難受死，感受到從祂而來的支持和力量，以致他可以面對媽媽的毒打，因他知道，相對於主，那可算微不足道。他也知道耶穌和他一起，主在十架上經歷孤單的時刻，但他卻不用孤單，因為主一直陪著他！因此國明更深體會祂不撇下他為孤兒，在痛苦中這應許尤其珍貴。

任何人對他的傷害，他都可以不受影響，因為主耶穌也能為眾人分擔苦難和重擔，他可以將生命中一切傷痛苦毒交給主，不再將任何重擔加在自己身上。生命中的苦難和重擔，就如沙石，會使管子不能流通。有苦難痛苦，不要據為己有，交給主，這樣他就可以成為流通的管子，就能經歷滿溢祝福的人生。國明知道他的人生是五餅二魚的神蹟，他要經歷破碎，透過他的痛苦經歷，成為更多人的祝福。

國明感到榮幸，同時也感到不配，因為在他成長過程裏，他總覺得自己一個人，雖然身邊有很多同學和同事，但他不敢與他們一起，總是孤孤單單一個人，直至他認識主。主將他害羞的性格轉化為敞開的生命：現在他不需要偷偷地哭，他可以在人面前坦然無懼地哭，並且知道傷心時流淚是自然和正常的反應。他可以接受自己哭，可以做一個有感受、會哭的男人：因為身體受傷會流血，心靈受傷會流淚，但很多男人只有理性，沒有感性。國明自己曾經不敢流露痛苦、獨自一人承擔苦痛，後來耶穌讓他的生命更新，讓他去接觸內裏的傷痛，因此他格外明白那些不敢表達傷痛的男性的痛苦，他也願意分享自己的經歷，去幫助其他男性，讓他們也將傷痛交給主，經歷生命的更新和醫治！

除了個人的生命轉化和更新外，神的醫治也能令人對事件有更恰當確切的理解。

國明長大後回想童年被毒打的經歷，並且請耶穌和他一同面對那次經歷，在主耶穌的幫助下，國明有能力離開自己承受痛苦的焦點，轉為想想媽媽當時的心情。他明白到媽媽愈打他，心裏愈痛，因媽媽當時控制不了自己：她見到兒子做錯事，一方面對兒子很憤怒，另一方面，也想到丈夫所犯的錯，不想兒子像丈夫一樣。所以她才打他，令他痛和難過，使他不敢再做錯事，不會重蹈他爸爸的覆轍。兩種複雜的情緒混在一起，她知道打在兒子身上，兒子很痛，她也心痛，但她不能控制自己，她不能不打他！國明開始體會到媽媽那種竭斯底里的情況，小部分是由於他做了錯事，大部分是她身不由己，她也知道不應把對丈夫的憤怒發洩到兒子身上，但是她卻控制不了。國明知道媽媽是一個非常倔強、執著，有錯不改、不承認也不道歉的人，他也明白到，媽媽若不這樣倔強執著，可能就不能在家中擔當起她做媽媽的身分角色，而且媽媽自己沒有經歷過愛和饒恕，所以她不懂怎樣愛和饒恕。

國明被耶穌醫治後，再回憶這個經歷時，心中可以原諒媽媽，但是仍然未能與她有連繫的感覺，不想與她傾談太久。國明進一步回想起當日他很辛苦自修考進大學，當時媽媽的反應冷淡，未能分享他的喜悅，這使他感到失望，得不到支持。這雖然已是二十多年前的舊事，但仍然影響今天的母子關係。治療師邀請國明以名為「空凳」（empty chairs）的輔導方式，向媽媽表達他心中的感受，這個過程令他領悟，當時媽媽心中有極矛盾的感受：她一方面因兒子考進大學而感到驕傲，另一方面卻擔心未能應付龐大的學費支出，又擔心兒子應付不了大學的要求，不能否順利畢業。她又不敢表達擔心的情緒，怕掃兒子的興，由於不懂如何反應，於是只能表現出冷淡的反應。當國明了解其實媽媽心中是支持自己，並且也竭盡所能在經濟上支持他時，心中的怨恨被化解，能再次建立彼此關係上的連繫。

國明過去與媽媽疏離的關係模式也影響他現在與太太的關係，未能完全開放自己，以致孤單時容易沉溺於黃色網頁。國明開始意識，他需要以他與神與人的愛的關係去填補心中的空洞，並且決定永遠不再容許情慾和它帶來的幻想進佔腦子。

當人沉醉於一個突襲我們的思想和反複重現的影像時，它就會成為那人生命裏持續不能克制的幻想。所以，我們需要分辨拒絕進入虛假的不能克制的幻想，即時將這思想影像客觀化，將它視為身外事，給予分析，可以發現它的含義，然後管轄它。[8]或者祈禱告將它交給神，不要被它的內容引誘，拒絕繼續糾纏於這幻想，因它是出乎自己或那惡者的，要奉耶穌的名命令黑暗的權勢釋放自己的思想，離開自己，並且斷絕與這幻想的聯繫，不再接受它是自己的一部分。每當這幻想再次浮現時，立刻停止這幻想繼續湧現，然後祈禱交託，求聖靈將正確真理顯示給自己。因此，熟讀神的話語是很重要的。同時，也需要去明白幻想背後的含義——那是逃避面對那心靈空洞的痛苦和恐懼。因此，需要在痛苦恐懼中經歷耶穌的同在，並且嘗試向神及人表達內心的痛苦和需要，感受神及人的愛和接納，分辨色慾和孤單，以致不再混淆一起。

當人可以接納自己時，便可以真正學習愛自己和不再被自己轄制。因此，在成長過程中，未能完全被愛的人需要更深經歷神的愛，並且學習刻意地選擇放棄那不愛惜自己的舊有態度，將思想及心裏的幻想降服於神；然後，不要透過自己的眼睛，而是祂滿有愛心和接納的眼睛看自己。向神承認自己的罪，接受祂的寬恕，並且寬恕自己曾墮落至這個地步，明白自己因不能分辨色慾和孤單，把二者混淆一起，釋放因憤怒自己而產生的抑鬱和自恨，謙卑接納自己曾經憎厭的自己，從新接受這個被饒恕的新我。學習聆聽神的聲音及閱讀神的話，在對己及對人的觀念上加入溫柔忍耐的美德，對自己多點包容和接納，從自律中學習自愛，將性能力引導、發揮在創造力的活動和運動的正確途徑上。

附錄四：「愛的言語」問卷[9]

每一條題目均列出兩句句子，請你選出較為合你心意的句子，並在那句子後的白色方格內作一記號。

		A	B	C	D	E
1	我喜歡你寫些小條子鼓勵我／誇獎我	□				
	我喜歡你摟抱我					□
2	我喜歡與你有單獨相處的時刻		□			
	當你在實際生活中幫助我時我覺得你愛我				□	
3	你送禮物給我時，我覺得開心			□		
	我喜歡和你散步		□			
4	當你替我做事時，我覺得你愛我				□	
	當你觸摸我時，我覺得你愛我					□
5	當你用雙臂擁抱我時，我覺得你愛我					□
	當我接到你的禮物時，我覺得你愛我			□		
6	我喜歡和你到處走走		□			
	我喜歡和你手牽手					□
7	我很重視有形的愛的象徵（禮物）			□		
	當我受到你的肯定時，我覺得你愛我	□				
8	我喜歡靠近你坐					□
	我喜歡你告訴我，我好漂亮／英俊	□				
9	我喜歡和你在一起		□			
	我喜歡你送我小禮物			□		
10	我很重視你接納我的言辭	□				
	你幫助我時，我就知道你愛我				□	
11	當我做事時，我喜歡你來和我一起做		□			
	我喜歡你對我說些貼心的話	□				

12	你的行動比你說的話更叫我感動				□	
	我們擁抱時，我覺得好滿足					□
13	我喜歡你的稱讚，卻不願你批評	□				
	頻繁的小禮物比偶爾的一份大禮物更令我開心			□		
14	我們一起聊天或做事使我覺得親近你		□			
	你常觸摸我使我覺得與你更親近					□
15	我喜歡你誇獎我的成就	□				
	當你幫我做一些你不喜歡做的事時，我知道你愛我				□	
16	我喜歡你經過時碰我一下					□
	我喜歡當我向你傾訴時，你表示了解我的感受		□			
17	你幫我做家事時，我覺得你愛我				□	
	我非常喜歡收到你的禮物			□		
18	我喜歡你誇獎我的儀容	□				
	你若肯花時間來了解我的感受，我就覺得你愛我		□			
19	你觸摸我時，我覺得好有安全感					□
	你的幫忙，使我覺得被愛				□	
20	我對你為我所做的許多事心存感激				□	
	我喜歡你親手做給我的禮物			□		
21	當你全神貫注在我身上時，那感覺真好		□			
	你為我做些事時，那感受真好				□	
22	我生日時你買禮物送我，使我覺得你愛我			□		
	我生日時你說或寫些意味深遠的話，我覺得你愛我	□				
23	你給我禮物時，我就知道你曾想到我			□		
	你幫我做家事，我就覺得你愛我				□	
24	我喜歡你耐心聽我訴說而不打岔		□			
	你在特別的日子買禮物給我，我心裏感激			□		

25	知道你幫助我做家事是因關心我，叫我心裏高興				□	
	我喜歡和你去長途旅行		□			
26	出其不意地吻我，使我興奮					□
	不為甚麼特別的理由，就買禮物送我使我興奮			□		
27	我希望你告訴我你重視我	□				
	我希望當我們無話說時你看著我		□			
28	你的禮物對我意義非凡			□		
	你碰觸我時，我覺得真好					□
29	你對我交代的事帶勁地去做，我就覺得你愛我				□	
	你告訴我你看重我或我做的事，我就覺得你愛我	□				
30	我喜歡你每天和我有身體的接觸					□
	每天我都需要聽到肯定或激讚我的話	□				
	總分	□	□	□	□	□

每個記號為1分。

請你將A至E類別的分數加起來，看看哪一類別得分最高。

獲得最多積分點的一項就是你基本的愛的言語。

A=肯定的言辭 B=精心的時刻 C=接受禮物 D=服務的行動 E=身體的接觸

附錄五：家庭圖

家庭圖是透過一個形式將三代的家譜與家庭成員的關係表達出來，將複雜的家庭模式用一個簡單易明的圖案顯示。麥戈德里（Monica McGoldrick）和格爾森（Randy Gersona）指出，一般的做法包括三層面：[10]

(1) 家庭圖的構造

(2) 記錄家庭的資料

(3) 勾畫家庭成員的關係

1. 家庭圖的構造

每一個家庭成員是用性別的符號代表他們，寫在符號裏的年紀是現時的年紀：

□ 男性　　○ 女性

如果死了，則在性別符號上加X，並且在符號上面加上出生年份（左）和死亡年份（右），寫在符號裏的年紀是死亡的年紀：

1944 - 2000　　1958 - 2003

以下是一些其他常用家庭圖的符號：

男性　女性　不明性別　動物　契仔/契女　養子　懷孕　流產　墮胎　死亡　雙生兒　同卵雙生兒　男性生產時死亡　女性生產時死亡

以線條顯示家庭成員間的關係，婚姻的關係以一條L橫線連接雙方，丈夫一般排在家庭線的左邊，而妻子排在右邊；孩子就由左至右以年紀最大至最幼，離婚、分居及同居則以以下的方式表達，下圖是丈夫的兩段婚姻及現在同居關係的表達（以圓點虛線顯示同住）：

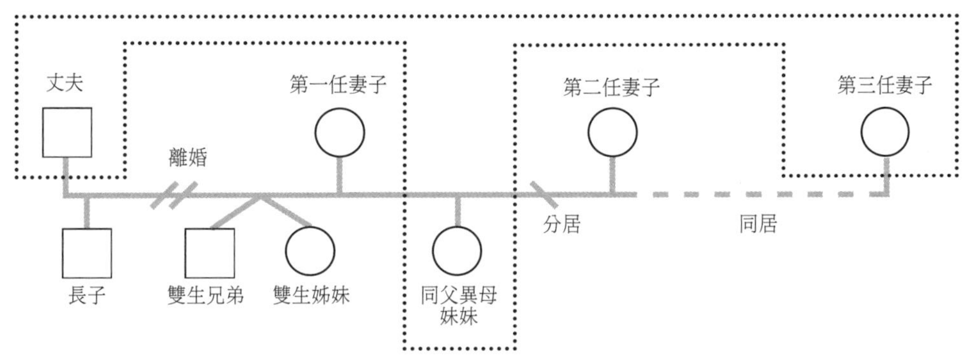

2. 記錄家庭的資料

當家庭圖的構造完成後，可以加入以下的資料：

- 統計性資料：包括年齡、出生及死亡日期、職業、教育程度。
- 相關性資料：顯示個人功能表現的資料，包括醫療、情感、行為，例如：經常曠工、酗酒、勤奮等。
- 關鍵性的家庭事件：包括家庭的重要改變、關係的改變、移民、成就、失敗、失去、新成員誕生、死亡、結婚、離婚、搬遷和轉工。
- 通常家庭圖旁邊會有家庭大事年表，順時序將家族大事列出，如下表：

年份	簡潔描述家族大事
1960	舉家移民香港
1963	長子結婚
1967	暴動失業
1968	爺心臟病過身

3. 勾畫家庭成員的關係

家庭圖的構造包括用不同的線去象徵家庭成員彼此的關係。不同關係的線，表示不同的關係親密度：

正常關係

疏離關係

密切關係

融洽關係

敵意關係

疏離敵意關係

融洽敵意關係

以下是四代的家庭圖的例子：

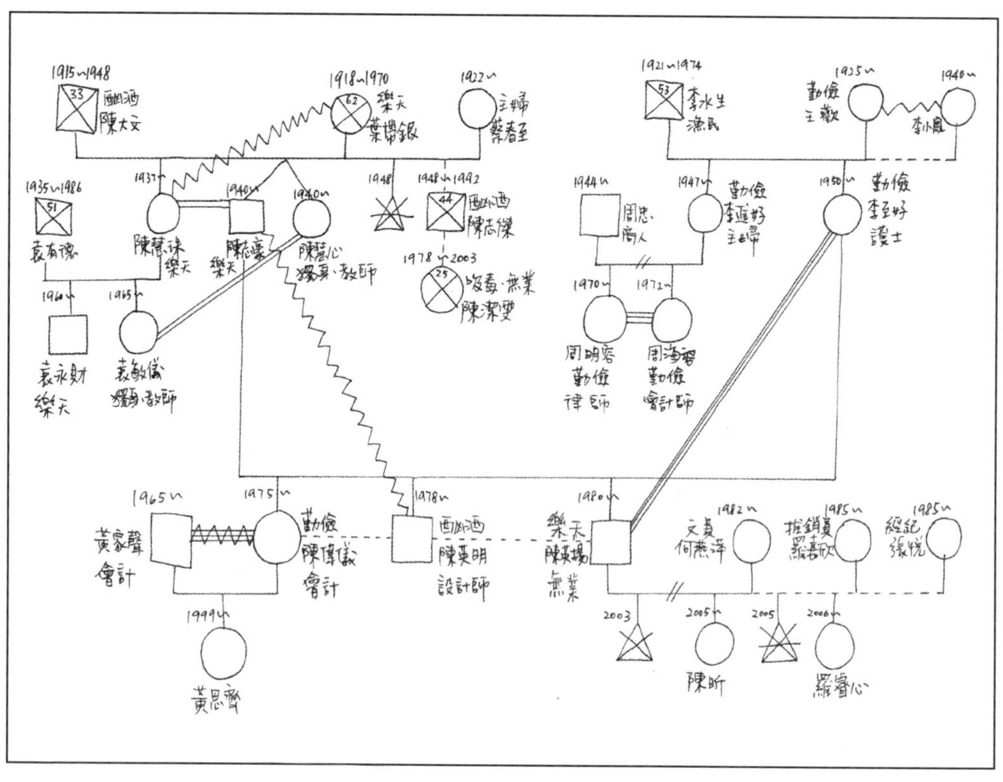

附錄六：為胎兒舉辦簡單哀悼儀式

現今的社會倡導母親的主權，視墮胎為一個合理化的選擇，甚至將未出生的胎兒當作一塊可以隨時割除的細胞組織。我們這種不尊重胎兒新生命的態度，使現今世代的人往往容易累積情緒和心理的困擾，因為他們忽略了需要處理失去胎兒的哀傷。胎兒也像我們一樣擁有生命，面對他們的死亡，家人也需要哀悼儀式，來幫助他們接納胎兒的死亡。

另外一種情況是流產或胎兒在懷孕期死亡，為了避免父母傷心難過，旁人便不敢再提起此事，甚至勸勉父母不要保存胎兒的物品作為紀念。如果是在懷孕初期便已流產，父母可能不想告訴未知的親友，更莫説為胎兒舉辦簡單哀悼儀式！然而，這種逃避的心態，卻只會令胎兒及父母未能早日得到心靈上的安息，未能化解哀傷鬱結的情緒。

為胎兒舉辦簡單哀悼儀式，不需要太複雜，甚至可以是自己一個人找一個合適的地方，或邀請親密知己和牧者參與安葬儀式。你可以選一個寧靜的戶外的地方：野外的樹林或海灘，在安靜的過程中，將你心中起伏的思緒寫在你的靈修扎記中和向神禱告，盡量容許各種情緒的浮現和表達：例如對這個情境或決定的憤怒（也包含對自己、人或神的憤怒）；為自己鑄成大錯、不能挽回這個胎兒，或失去再有懷孕的機會而哀傷；對失去胎兒感到的羞愧，或別人對自己錯誤抉擇的批判；寬恕自己的抉擇或接納神容許胎兒流失；接納所發生的事實和當中人的抉擇等等。這個情緒表達的歷程非常重要，它能幫助你化解心中的結。但這亦需要勇敢面對才能得醫治，如果太痛苦，可以請耶穌安慰你。

儀式可以幫助你更投入整個哀悼的歷程：因此，你可以為胎兒起一個名字，也可以為胎兒預備一本紀念冊：胎兒的受精和死亡日期、名字、照片（掃描圖或圖畫）、指模、頭髮、浸禮證書、寫給胎兒的信或送給胎兒的禮物（一套嬰兒的衣服或十字架等）。如果你想有一個安葬儀式，你可以預備一個盒子或籃子，將部分的胎兒的物品或禮物放在其中，安葬過程中表達你對她的愛和歉意。當要蓋上之前，向胎兒道別，也可以為胎兒唱一首兒歌或用一首詩道別，最後為胎兒祝福和禱告來結束這個儀式。如果喜歡，也可以在安葬胎兒的泥土上植一顆樹，讓新的生命可以誕生。以上只是一些不同的建議，你可以按自己的領受及需要自由發揮。

附錄七：三種聯繫模式的影響

安斯沃思提出的三種聯繫模式的影響[11]

	成長經驗	發展成果	人際關係
安全的聯繫	與父母關係 － 穩固一致 照顧周全 關顧愛護 支持鼓勵 關係平等 父母境況 － 父母婚姻愉快 父母健康成熟	個性成熟 能幹自信 獨立自主 熱情主動 信任安全 熱愛社交 能處孤獨	實事求事 尊重對話
含混的聯繫	與父母關係 － 飄忽混亂 內疚操縱 引君入甕 代偶兒童（parentified child） 父母境況 － 父母婚姻矛盾 父母個人困擾 父母賭博酗酒	欠缺安全 憂慮不安 害怕分離 恐被拋棄 黑白膚淺 情緒不穩 愛恨不明 依賴糾纏	過分呵護 退避疏遠
退避的聯繫	與父母關係 － 缺乏照顧 忽略疏遠 嚴責拒絕 憎惡討厭 父母境況 － 父母關係疏離 父母個人冷漠	冷漠疏遠 冷對分離 愛恨分明 恐懼依賴 缺乏信任 害怕失敗 表現堅強	控制指示 憤怒厭煩

附錄八：與靈界的接觸[12]

簡介香港人的宗教心態

1. 中國人的世界觀比較混亂和複雜，高層是宇宙能力，低層是民間宗教，生活是現實主義。
2. 中國早期南方宗教表現則佛、道混雜，迷信特強，沿海地帶更富交鬼、問卜勢力。
3. 早期逃難香港，危機特多，需要尋求庇護的心理更強。
4. 行業神祇（關公、魯班、華光等）的發展更因小生意顯出強盛的活動。
5. 早期黑道中人取得靈力護身（神打）。
6. 小島文化，追求成功的心理狀況（車公、觀音）。
7. 物質有餘，心靈欠缺，靈界慰藉（星座、紫微斗數、四面佛）。
8. 坊間傳媒的渲染（八卦雜誌或新聞節目）。

常見的靈界接觸活動

請檢視你曾與靈界接觸之項目：

1. 你曾否拜過或過契其他的神、物件、人物？

家族 / 個人		家族 / 個人		家族 / 個人	
□ □	日蓮正宗	□ □	盂蘭勝會	□ □	天后
□ □	廁所姑	□ □	七姐	□ □	祖先
□ □	天上聖母	□ □	后土	□ □	黃大仙
□ □	地藏王	□ □	月姥娘娘	□ □	八仙

- ☐ ☐ 城隍
- ☐ ☐ 車公
- ☐ ☐ 媽祖
- ☐ ☐ 太上老君
- ☐ ☐ 猴王
- ☐ ☐ 土地／地主
- ☐ ☐ 大聖
- ☐ ☐ 麻姑
- ☐ ☐ 道教
- ☐ ☐ 四面佛
- ☐ ☐ 關帝
- ☐ ☐ 拜師父
- ☐ ☐ 灶君
- ☐ ☐ 其他：
- ☐ ☐ 當天
- ☐ ☐ 玉皇大帝
- ☐ ☐ 天地
- ☐ ☐ 十八羅漢
- ☐ ☐ 文昌大帝
- ☐ ☐ 泰國佛
- ☐ ☐ 千手佛
- ☐ ☐ 石敢當
- ☐ ☐ 天道五教
- ☐ ☐ 華光
- ☐ ☐ 魯班師父
- ☐ ☐ 孔子
- ☐ ☐ 注生娘娘
- ☐ ☐ 華陀
- ☐ ☐ 虎、牛、蛇神
- ☐ ☐ 潮州祖師父
- ☐ ☐ 太陽星君
- ☐ ☐ 石頭
- ☐ ☐ 海神
- ☐ ☐ 觀音
- ☐ ☐ 一貫道
- ☐ ☐ 九天玄女
- ☐ ☐ 財神
- ☐ ☐ 如來佛祖／佛教偶像

2. 曾否藉其他力量得知未來或通靈、參與邪術活動（過去或現在）

家族／個人

- ☐ ☐ 算命
- ☐ ☐ 占卜
- ☐ ☐ 樸克牌
- ☐ ☐ 茶葉問卜
- ☐ ☐ 掌相
- ☐ ☐ 催眠
- ☐ ☐ 習瑜珈
- ☐ ☐ 招魂／招靈會
- ☐ ☐ 查三世書
- ☐ ☐ 水晶球
- ☐ ☐ 靈魂出竅

家族／個人

- ☐ ☐ 紙牌問卜
- ☐ ☐ 靈應盤
- ☐ ☐ 碟仙
- ☐ ☐ 筆仙
- ☐ ☐ 出神入定
- ☐ ☐ 紫微斗數
- ☐ ☐ 銀仙
- ☐ ☐ 心靈感應
- ☐ ☐ 養鬼子
- ☐ ☐ 求籤／解籤
- ☐ ☐ 巫術

家族／個人

- ☐ ☐ 問米
- ☐ ☐ 迷信星座
- ☐ ☐ 看相
- ☐ ☐ 看通勝
- ☐ ☐ 看風水
- ☐ ☐ 信生肖
- ☐ ☐ 擲杯
- ☐ ☐ 算日子改名
- ☐ ☐ 扶乩
- ☐ ☐ 塔羅牌
- ☐ ☐ 撒但教聚會

□	□	與邪靈相交	□	□	用超自然力舉物	□	□	千里眼

□ □ 與邪靈有關的咭牌遊戲

□ □ 有否一位想像中的靈界靈體與你交往

□ □ 其他：

3. 曾否透過以下途徑治病或得到好處（包括：自己直接參與或其他人為你作法／施行法術）

家族	個人		家族	個人		家族	個人	
□	□	靈水／符水	□	□	下降頭	□	□	摺／燒金銀衣紙
□	□	帶僻邪物	□	□	香爐灰	□	□	氣功治病
□	□	符（如：平安符）	□	□	向神靈立願	□	□	有偶像的玉咀／金咀
□	□	定驚玉環	□	□	拜日角	□	□	過契給某些神靈
□	□	陪葬物	□	□	用柚葉洗澡	□	□	帶唸過咒的物品
□	□	跨火盆	□	□	靈媒	□	□	水晶球
□	□	打小人	□	□	巫醫	□	□	法輪大法治病
□	□	神油	□	□	拾取盂蘭節錢	□	□	風水物品（如：八卦、鑊等等）
□	□	畫符	□	□	紋身（與靈界有關的圖像）			
□	□	其他：						

4. 曾否接觸／練習過以下……

家族	個人		家族	個人		家族	個人	
□	□	氣功	□	□	香功	□	□	冥想／超覺
□	□	打坐	□	□	神打	□	□	看神功戲
□	□	瑜珈	□	□	唸咒語	□	□	太極拳
□	□	茅山術	□	□	加入黑社會	□	□	外太空靈交

☐ ☐ 新紀元的改變自我形像訓練會

☐ ☐ 修練過一些中外宗教組織所倡導對思想的操練、控制或修養

☐ ☐ 功夫（如：六壬神功）請註明：

5. 曾否鑽研、仰慕、閱讀、唸以下……

家族／個人	家族／個人	家族／個人
☐ ☐ 佛經	☐ ☐ 玄學	☐ ☐ 大量恐怖或鬼電影
☐ ☐ 新紀元書	☐ ☐ 超覺	☐ ☐ 大量法術電影
☐ ☐ 色情畫報	☐ ☐ 來世的書	☐ ☐ 有關邪靈的書
☐ ☐ 邪術的書	☐ ☐ 巫術的書	☐ ☐ 參觀異教廟宇
☐ ☐ 星相學書	☐ ☐ 命理的書	☐ ☐ 透過宗教解夢的書
☐ ☐ 其他：		

6. 你的父母、祖先、親友有否以服事偶像為業

家族／個人	家族／個人	家族／個人
☐ ☐ 製做香蠋物品	☐ ☐ 超渡士	☐ ☐ 乩童
☐ ☐ 問米婆	☐ ☐ 賣香蠋，紙札鋪	☐ ☐ 風水師
☐ ☐ 廟祝	☐ ☐ 和尚	☐ ☐ 道士
☐ ☐ 解籤／看相	☐ ☐ 其他：	

7. 其他宗教

家族／個人	家族／個人	家族／個人
☐ ☐ 耶和華見證人會	☐ ☐ 印度神祕教	☐ ☐ 日本神慈秀明會
☐ ☐ 摩門教	☐ ☐ 唯一神教	☐ ☐ 撒旦教
☐ ☐ 韓國統一教	☐ ☐ 其他：	

附錄九：屋、樹、人分析測試（H-T-P）

圖畫本身就是表達自我的有效工具，是表達我們潛意識的直接工具，亦是一種投射，能夠反映人們內在的世界、自身的性格行為、價值觀、及理想要求。人們對圖畫的防禦心理較低，人在繪畫間不知不覺表達了自己的內心世界，簡單的幾幅圖畫，傳達的訊息比千言萬語更豐富，更直接。而且在畫圖過程中，人們進一步理清自己的思維，把無形的東西有形化，把抽象的東西具體化。有別於其他的心理測驗，心理學家能夠在很短的時間內，可以從圖畫的內容，取得一些無法表達或隱藏深處而又十分值得注意的訊息，包括畫者的精神狀態、對自身角色的認知以及與環境、家庭關係、工作方面、他人的互動關係等。

屋、樹、人分析測試由 John Buck 於 1948 年發明，他認為在「人物繪畫」的重要性之外，人們同樣也會賦予「房子」和「樹木」意義。透過屋—樹—人的繪圖，可投射出個人的心理狀態，有系統地把潛意識釋放出。透過潛意識去認識自己的動機、觀感、見解及過往經歷等，去幫助自己瞭解事件的本質，自己對外界的接觸取向及生活模式及作出適當的反應：

屋的意義

「屋」的圖畫代表你對家庭、家人及環境的感受，是人們成長的場所，投射內心的安全感，也表現你在人際關係上溝通的模式。

- □ 象徵著家庭與溝通模式分析，個人生活環境的感受。
- □ 屋被認為是自我畫像的一種象徵意義，但是其中也反映了很多個人在家居生活的現象，以及與家庭的關係。

樹的意義

「樹」的圖畫代表你對自己形象的潛意識表達，這是一幅我是誰的圖畫。

☐ 個體成長的意義，個人形象分析，個人信念、價值觀分析。

☐ 反映著較深的自我投射現象，與個體人格特質的潛意識；樹枝結構是描述其人格的組織和從環境中獲得的滿意度，也是反映個體在心理上或是社會上表現的能力與需求，以及對自我實現的動機之滿意度；樹幹是顯現個體之自我強度，一般樹幹被認為是反映個體基本力量和心理發展的感覺，過去個體所受的創傷或十分難過的事都會顯現在樹幹上。

人的意義

「人」的圖畫反映你與人的社交及人際關係網絡，代表你對這關係的感受，相對地這是人對自己最意識的層面。

☐ 探討其人格特質、人際關係、同儕感、以及其態度。

附錄十：圖畫

畫圖指引：

很多人認為自己不善於畫畫，或自己畫的畫不美，所以很抗拒畫畫，甚至認為自己所畫的圖畫沒有甚麼意義，所以不值得重視。其實，我們所畫的畫，可以是我們的潛意識的具體化表達；圖畫與夢一樣，可以幫助我們明白自己不意識和不接納的部分。所以，我建議你不要因畫得好看與否而棄用這個畫圖的方法。你可以隨意地畫，不需要事先構圖然後才下筆，只要隨意地選擇不同的顏色，讓手在紙上隨意的揮動，按著那刻的感受，將未經組織的意識表達出來。你可能會驚訝於你所繪畫出來的畫。

我們的左手會發揮右腦的視覺空間的創意，更容易讓我們的潛意識自由發揮。所以，如果你感到自在的話，你也可以嘗試用你的左手來畫畫啊！

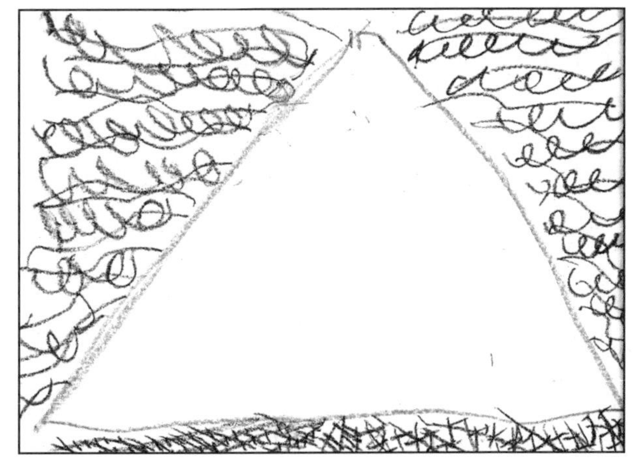

現在的自己（第一部 1.3 題）

麗莎（《情緒四重奏》第五章）的這幅圖畫大部分是用左手畫的，她描述中間的大三角形充滿張力，不斷自我膨脹，將旁邊的空間推至最邊緣，不容許別人進入。這令她感到安全，但與此同時，也感到非常孤單。三角形下面的紫色和綠色的圖案，代表密密麻麻的工作，是精密而有層次和組織、在控制之內的。左邊綠色和橙色的圖案代表自己的情感和想像力。驟眼看來，雖然右邊綠色和橙色的圖案跟左邊的好像是一模一樣；其實，左邊的圖案比右邊的柔軟和較具表達性。右邊綠色和橙色的圖案代表自己的理智、缺乏創意，雖然是抄左邊的圖案，但它的存在仍然是重要的，因它能平衡兩邊的構圖，不然便會不好看！

期望中的自己（第一部 1.9 題）

麗莎在繪畫期望中的自己時，驚訝地發現之前的大三形角在這幅中已變成小三角形，變得有彈性，也不需要不斷自我膨漲，然而，這卻令她感到不安。

藍色的圖案代表有影響力的人，權威人士令她不敢表達自己。橙色的圖案代表整合，連繫著不同的部分。咖啡色的圖案代表身邊的瑣碎事。粉紅色的圖案代表不同的朋友。相對之前的圖畫，這一幅較為連結，但是卻令麗莎感到恐懼不安。這個經歷幫助她更意識自己的恐懼如何影響她與人連繫的能力，並且因為恐懼不斷膨漲而形成空虛孤單的大三角形。

面對這些不能改變的部分，「我頂不住了，不要逼我！」（第一部 1.13 題）

麗莎描述圖中的她大概十歲，當時媽媽好緊張，不斷逼她！反映在圖畫中，她的頭髮、手和腳都被扭曲。畫出這幅圖畫後，她才意識到自己不斷逼迫自己，其實十分辛苦。她不期然地哭了出來。原本圖畫中的她是沒有眼淚的，可見她畫畫時並不自覺自己正逼迫自己！

焦慮緊張的情緒（第一部 2.3 題）

當繪畫者想到要面對自己的情緒時，頓然感到很大壓力。於是治療師邀請他把這感受描繪出來，繪畫者解釋：每次要接觸自己內在的情緒，就如一個人要推一塊大石上山，讓他感到非常吃力。這反映繪畫者懼怕接觸自己內在的情緒，容易逃避面對自己。

1

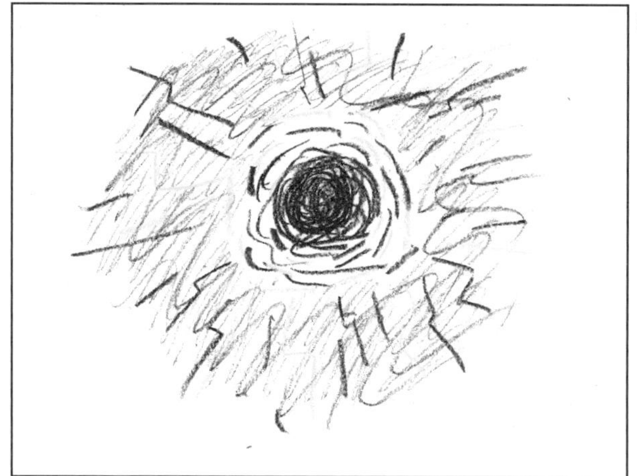

2

憤怒的情緒（第一部2.4題）

1. 繪畫者將心中的怒火噴出來。
2. 繪畫者認為憤怒時思想混亂，於是中央很亂，發出來的火花，也有如小朋友的霸王表現。從這幅圖畫中，繪畫者開始意識自己很恐懼接觸憤怒的情緒，儘量用理智去控制混亂的情緒，儘量避免這失控的感覺。

空洞的情緒（第一部2.9題）

當繪畫者完成這幅圖畫後，對這幅圖也感到很惘然不解：白色的是一片雲，但他不知道那代表甚麼感受；黑色是代表漆黑一片，不知道會發生甚麼！後來當他代入雲的角色之後，感到這雲是收集雨點的，然後，漸漸明白這片雲其實代表自己搜集了不同的感受但卻被困之內、未能表達。他因此明白到，如果自己能夠哭出來，便會比較舒服。當他用同一方法，嘗試代入黑色的背景，便意識到這片黑色代表了他父母間的爭執。父母的爭執令他感到恐懼，所以漆黑一片，不知道會發生甚麼事！

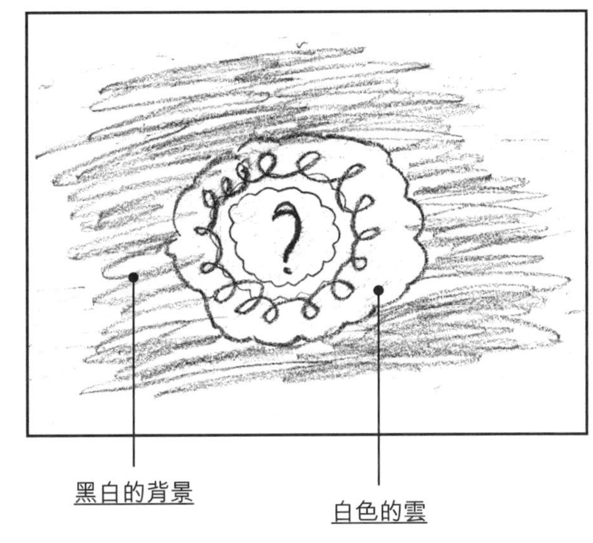

我的性格（第一部3.1題）

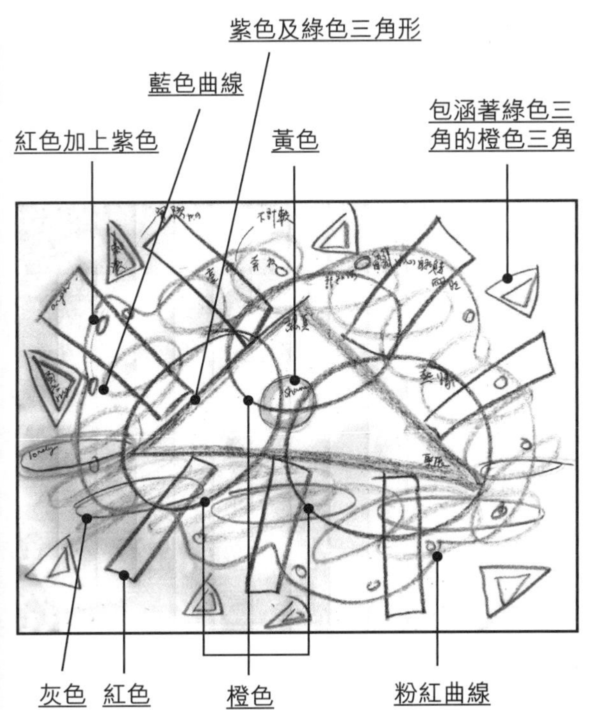

黃色圓形是羞恥，它在整體性格中藏於中央，彷彿是一團綿花，若輕若重，若隱若現的藏於心中最深刻處。紫色三角與綠色三角把緊張與認真緊貼在一起並三角向外掙出。三個橙色圓圈代表熱情把羞恥、緊張、認真佔據著並向三角處完全淹蓋及延伸。藍色曲線的「話知你」的性格環繞著熱情。紅色加上紫色的小圓圈代表自律、自我中心、自我負責、耐性分佈於熱情四周，處於矛盾與平衡間，兩者不停爭戰，同時並存。不規則粉紅曲線代表不計較、豪情奔放圍繞著自律、自我中心、自我負責、耐性的性格不停爭戰，同時並存的矛盾與平衡。紅色長方形粗壯而堅硬代表暴燥，由認真及「話知你」的性格處向外四方噴出。最外夾雜著橙色的講求實際把綠色三角的刺激、勇於嘗試的性格包涵著散佈豪情奔放四周。孤獨沉於最低層灰色橢圓形處。

性格的特質（第一部3.1題）

不同性格的組合互相帶動，互相制衡！

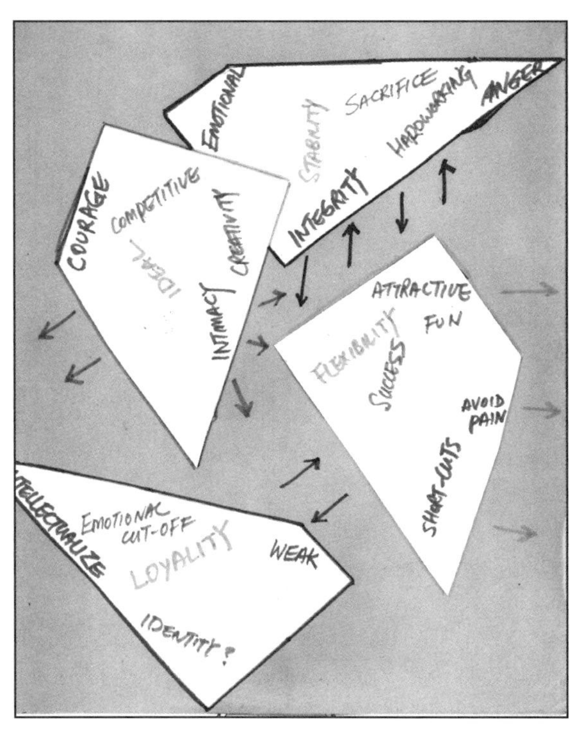

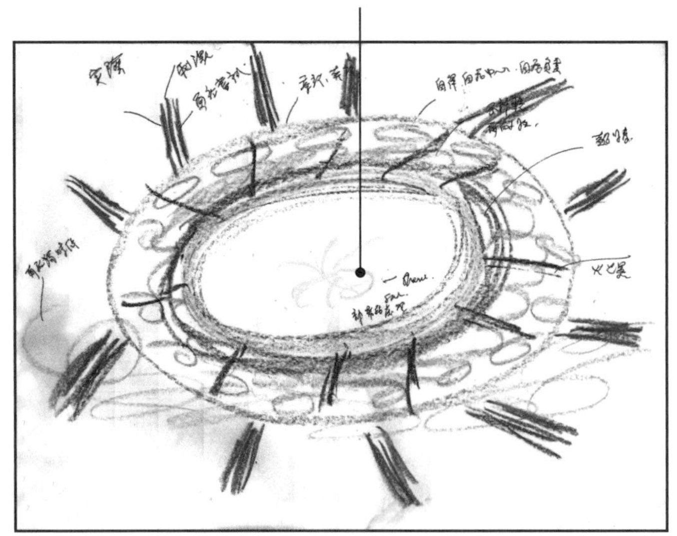

經歷耶穌醫治後我的性格（第一部3.18題）

各種性格特質包容、平衡地表達出來。特別是黃色圓形是羞恥，它在整體性格中藏於中央，彷彿是一朵花，旋轉地由心中最深刻處向外散開。

男人女人（第一部4.4題）

拿男人和女人兩幅圖畫相比，你便會發現男人的尺寸比女人小，並且位於畫紙的上半部，感覺不是那麼腳踏實地，頭部與身體不合乎比例（頭大而身小）。這可能顯示繪畫者視男人較常停留在幻想層面，未夠成熟可靠。相對於男人的圖畫，女人的比例和大小合乎正規。可推測繪畫者認為：女性是較為成熟的，而男性則較為幼稚及未必可以信賴。

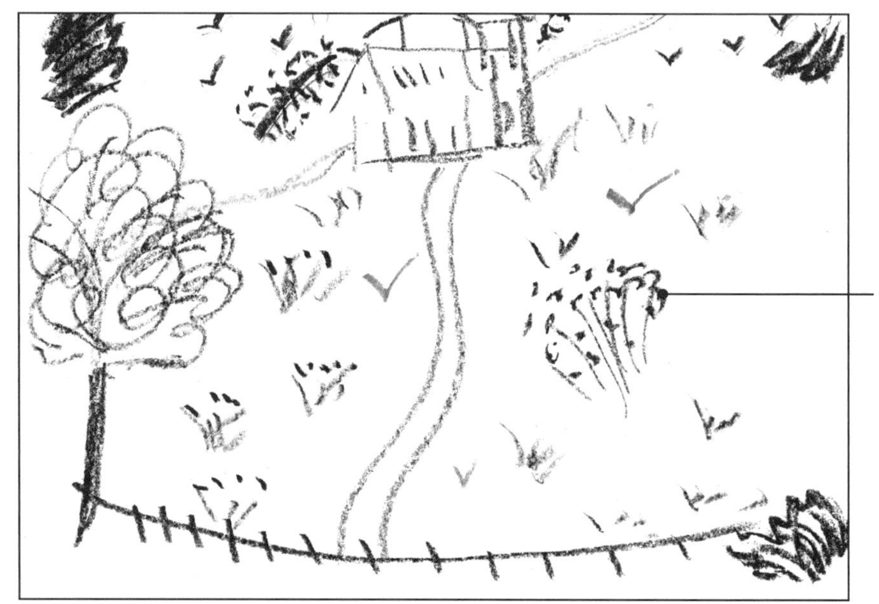

內心的花園
（第一部 8.2 題）

納鳴是一位中年男仕，性格較為孤僻，與人保持距離。畫中這籬笆沒有可以讓人進入的門，別人只能在外面觀看，而且只能看到色彩繽紛的花草和美麗的雀鳥。納鳴不喜歡內心花園的烏鴉、野草及荊棘，將它們隱藏在屋後或圖畫的邊角裏。按納鳴的自我解讀：烏鴉代表時常來煩擾他的負面情緒，也表示他對自己的不接納；野草代表他性格上的雜質和弱點，但他願意交給耶穌，請祂逐步幫他學習欣賞自己的優點和接納自己的不足；荊棘代表他過去生命中的苦難，也代表耶穌頭戴棘冠，為他受苦難。圖畫裏的荊棘叢中，有紅色的小花，代表他在痛苦裏，仍渴望獲得耶穌的救贖。

被潔淨後的我（第一部總結）

繪畫者描述：過往的成長過程中，鷹被環境所綑綁，渴求外面世界的自由，但是鷹只以為自己是一隻雀鳥，並不認識自己真正的身分和潛能。今天鷹終於從籠中被釋放出來，得到自由，成為真正的自己！

家庭成員彼此的關係模式（第二部 2.12 題）

繪畫者形容自己是不停地將馬鈴薯搗碎，磨成平滑的糊狀物的薯蓉機。從筆觸可看出她十分用力，想將馬鈴薯蓉磨滑！圖畫中的砧板代表她的姊姊，承托著製成薯蓉的歷程，兩塊馬鈴薯各代表了父親和母親，而薯蓉機則不停地想溶化父母的防衛機制，幫助父母意識和表達他們的情緒！當繪畫者意識自己在家庭中扮演的功能後，在家庭治療的時刻（session）中，她邀請姊姊加入她的行列，讓她可以休息片刻。

童年家庭生活的圖畫（第二部7.5題）

繪畫者以圖畫表達出她童年的孤單，一個人在一片漆黑中向窗外眺望，心中不停重複唱著：我是一個無父母的孩子，我是一個無父母的孩子，沒有人愛我，沒有母親的吻，也沒有父親的愛，沒有人愛我，我是一個無父母的孩子！

與父母的關係（第二部8.21題）

繪畫者以花貓來代表自己，她以為自己離家千里，就是已經割斷了與母親的心理臍帶，其實後來才驟然發現自己背負著一大袋成長的包袱，連繫著千里之外的家！

附錄十一：整合樣本

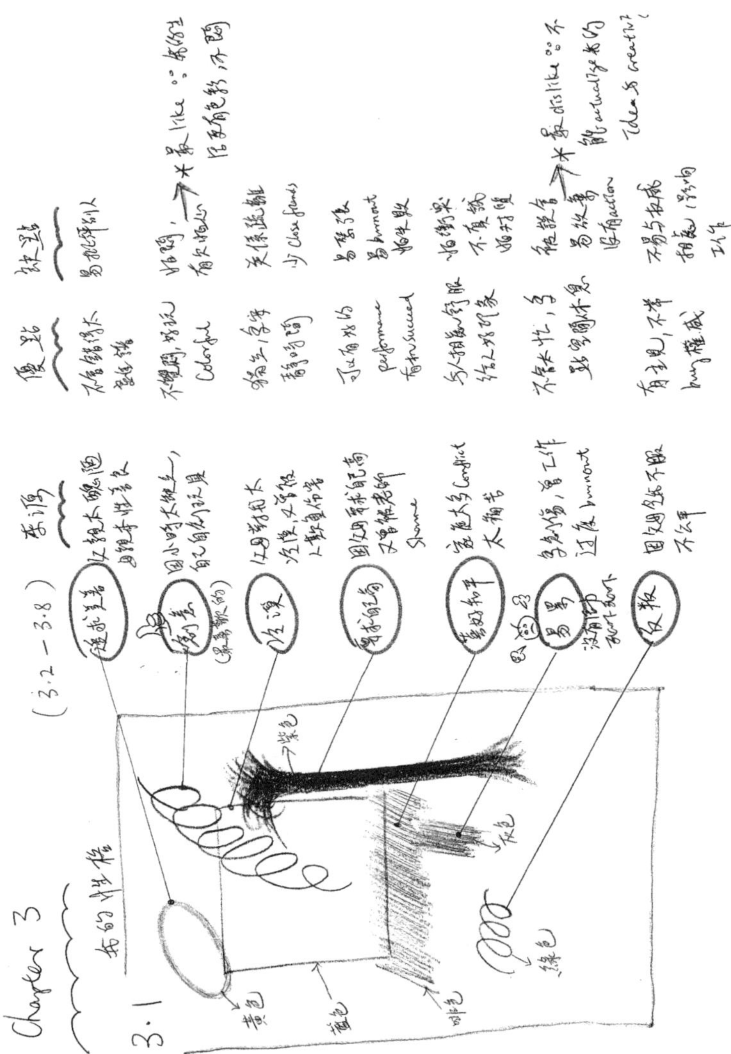

每一章習作包涵著不同的問題，有些似乎不太相關，但是如果將整章答案及總結在兩至三頁紙中，你可能有新的發現，讓你更容易掌握全章的重點。這是一位拉法基金課程組長分享她的「我的性格」整合的樣本，它能幫助你容易理解如何去整合每一章的答案。

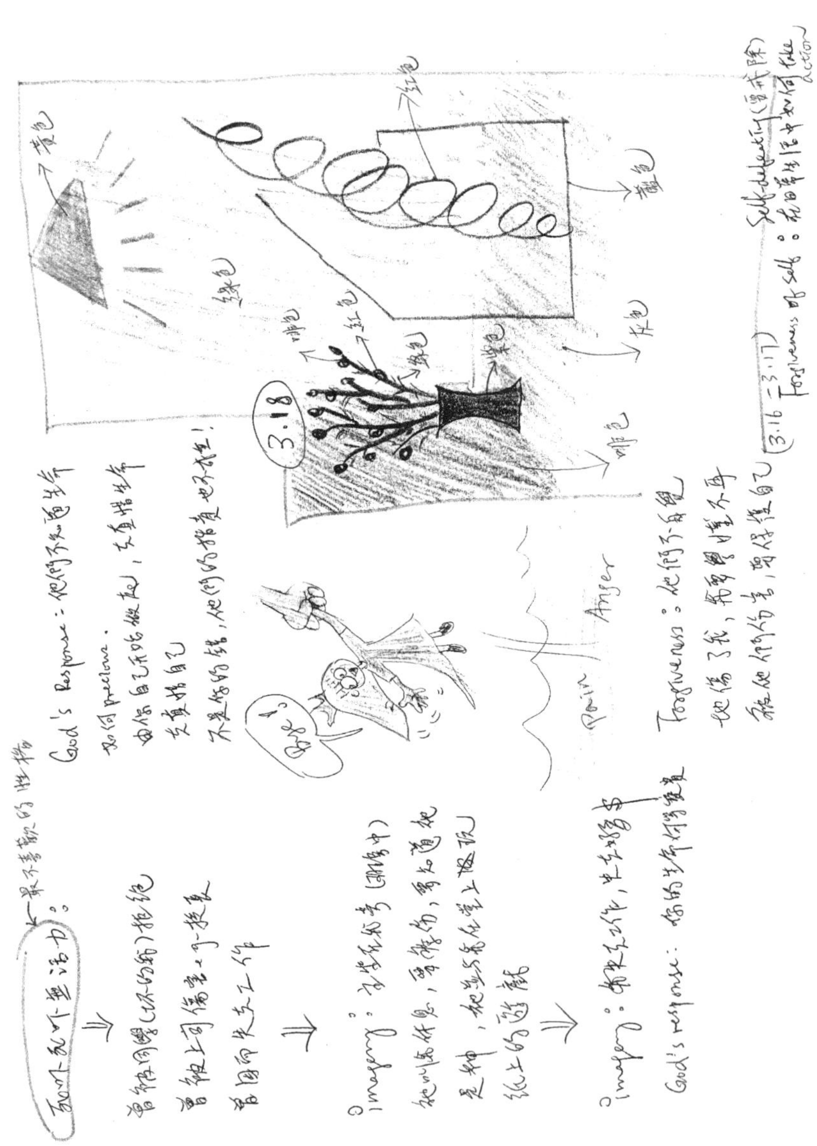
God's Response
3.18
Pain
Anger
Forgiveness
3.16–3.17

註釋

自序

1. Teresa of Avila, "The Interior Castle", in *Collected Works of St. Teresa of Avila*, vol. 2, trans. Kieran Kavanaugh and Otilio Rodwiguez（Washington, DC: Institute of Carmelite Studies Publications, 1980）, 291~292.

前言

1. 楊慶球：《靈風起舞：聖靈教義與靈恩現象剖析》（香港：宣道，2007），頁 102。
2. Thomas Merton, *New Seeds of Contemplation*（New York: New Direction, 1961）, 32.
3. 大衛．貝納：《天父給我的禮物》，霍玉萍譯（香港：證主，2005）。
4. Jerrold S. Greenberg：《壓力管理》，潘正德譯（台北：心理，1995），頁 56，80。
5. Leslie S. Greenberg, *Emotion-focused Therapy: Coaching Clients to Work through Their Feelings*（Washington, DC: American Psychological Association, 2002）, 4.
6. 宣信：《神醫的福音》修訂版，陸忠信譯（香港：宣道，1997），頁 24。
7. 宣信：《神醫的福音》，頁 18。
8. 宣信：《神醫的福音》，頁 20。
9. Everett L Worthington, Jr. ed., *Dimensions of Forgiveness: Psychological Research and Theological Perspectives*（Philadelphia, PA: Templeton Foundation, 1998）, 86.
10. John Gartner, "The Capacity to Forgive: An Object Relations Perspective", *Journal of Religion and Health*, vol.27, no.4, Winter 1988.
11. 滕近輝：〈序言〉，引自宣信：《神醫的福音》，頁 vi。
12. G. W. Bromiley, *Theological Dictionary of the New Testament*（Grand Rapids, MI: Eerdmans, 1985）, 331.
13. 楊慶球：〈從神學反思心靈醫治的關注及規範〉（拉法基金會主辦之整全心靈醫治年會 2010 主題講座，

基督教會活石堂〔九龍堂〕，2010 年 11 月 8 日）。

14. 宣信：《神醫的福音》，頁 20。

15. Gordon Smith, *Listening to God in Time of Choices*（Downers Grove, IL: InterVarsity Press, 1997）.

16. 宣信：《神醫的福音》，頁 84~85。

17. 見廖炳堂的〈從神學角度評析柯瑞福的內在醫治觀〉，引用柯瑞福：《深度創傷、深度醫治》上冊，鄧嘉宛譯（台北：以琳，1997）。

18. 宣信：《神醫的福音》，頁 24。

19. 楊慶球：〈從神學反思心靈醫治的關注及規範〉，頁 8。

20. Dennis Linn and Matthew Linn, *Healing Life's Hurts & Healing Memories Through Five Stages of Forgiveness*（New York: Paulist, 1991）, 199.

21. Dennis Linn、Matthew Linn：《治癒生命中的創傷》，田毓英譯（台北：上智，1995），頁 265。

第一部

1. Gary Chapman, *The Five Love Languages: How to Express Heart Felt Commitment to Your Mate*（Chicago, IL: Northfield, 1995）.

2. Linn, *Healing Life's Hurts & Healing Memories Through Five Stages of Forgiveness*, 205.

3. Linn, *Healing Life's Hurts & Healing Memories Through Five Stages of Forgiveness*.

第二部

1. Erick Erickson, *The Life Cycle Completed: A Review*（New York: Norton, 1982）, 32~33；轉引自《心靈治癒》（台北：上智，1996）。

2. E. K. Turner, "The Syndrome in the Infant Resulting from Maternal Emotional Tension During Pregnancy", *Medical Journal of Australia*（Feb 1956）: 221~222.

3. D. H. Scott, "Follow-up Study from Birth of the Effects of Prenatal Stresses", *Develop. Med. Child, Neurol.*, 15 (1973), 770~787.

4. "Stress and Depression During Pregnancy Leads to Pediatric Sleep Problems," 31 Jul 2007, Article on Medical News Today: www.medicalnewstoday.com.

5. Bowlby, J. *Attachment and Loss*, vol 1: Attachment. 2nd edition. London: Hogarth Press, 1982.

6. M. D. S. Ainsworth, "Patterns of Infant-mother Attachment as Related to Maternal Care: Their Early History and their Contribution to Continuity", In *Human Development: An Interactional Perspective*, edited by D. Magnusson, and V. L. Allen（New York: Academic, 1983）.

7. 本部分第 9.14 題，9.15 題及 9.20 題參考 Gary Brainerd 的講座資料。

第三部

1. 禧福協會：「新造的你」教材。

2. 楊慶球：《靈風起舞》，頁 3~4。

3. 宣信：《神醫的福音》，頁 21。

附錄

1. Nancy Chodorow, *The Reproduction of Mothering*（Berkeley, CA: University of California, 1978）；亦參 James B. Nelson, "Male Sexuality and Masculine Spirituality." *SIECUS* Report 13:4（March, 1985）: 2。

2. Erik H. Erikson, I*dentity, Youth, and Crisis*（New York: W. W. Norton, 1968）, 268~271.

3. Carol Gilligan, *In a Different Voice: Psychological Theory and Women's Development* 9（Cambridge, MA: Harvard University, 1982）.

4. John Gray, *Men are from Mars, Women are from Venus: A Practical Guide for Improving Communication and Getting What You Want in Your Relationships*（New York: HarperCollins, 1992）.

5. Joan Wolski Conn, "Spirituality and Personal Maturity", in Robert J. Wicks, et al. eds., *Clinical Handbook of Pastoral Counseling*（New York: Paulist, 1985）, 37~57.

6. 莉安・佩恩：《破碎形象：同性戀的醫治與個人整全》，詹維明譯（香港：突破，1996），頁 91~92。

7. Walter Trobisch, *Love Yourself and Love is a Feeling to be Learned* (Bolivar, MO: Quiet Waters, 2001), 15.

8. 詳參佩恩：《破碎形象》。

9. 「愛的言語」問卷，來自 Chapman 的 *The Five Language of Love* 的英文版小組材料，由崔夢蓓、龔仲康翻譯成中文。

10. Monica McGoldrick and Randy Gerson, *Genograms in Family Assessment*（New York: Norton, 1985）.

11. 大部分取材 Benjamin Wai-ho Wat, "Early Attachment Experiences and Subsequent Marital Interaction among Overseas Born Chinese Couples." Ph.D. Thesis, Fuller Theological Seminary, 1994。

12. 大部分取材先禧福協會：「新造的你」教材。

參考書目

Ainsworth, M. D. S. "Patterns of Infant-mother Attachment as Related to Maternal Care: Their Early History and their Contribution to Continuity." In *Human Development: An Interactional Perspective*. Edited by D. Magnusson, and V. L. Allen. New York: Academic, 1983.

Anderson, N. T. *Released from Bondage*. Singapore: Campus Crusade, 1992.

_____. *The Bondage Breaker*. Eugene, OR: Harvest House, 1990.

Benner, D. G. *Healing Emotional Wounds*. Grand Rapids, MI: Baker, 1990.

Bowlby, J. *Attachment and Loss*. Vol.1: Attachment .2nd edition. London: Hogarth, 1982.

Chapman, G. D., *The Five Love Languages: How to Express Heart Felt Commitment to Your Mate*. Chicago, IL: Northfield, 1995.（中譯本：《愛之語》。王雲良譯。台北：中國主日學協會，2001。）

Chodorow, Nancy. *The Reproduction of Mothering*. Berkeley, CA: University of California, 1978.（中譯本：《母職的再生產：心理分析與性別社會學》。張君玫譯。台北：群學，2003。）

Crabb, Larry. *Inside Out*. Colorado Springs, CO: Navpress, 1988.

Damasio, Antonio. *The Feeling of What Happens: Body and Emotion in the Making of Consciousness*. New York: Harcourt Brace, 1999.

Erickson, Erick H. I*dentity, Youth, and Crisis*. New York: W. W. Norton, 1968.

_____. *The Life Cycle Completed: A Review*. New York: Norton, 1982.

Gilligan, Carol. *In a Different Voice: Psychological Theory and Women's Development*. Cambridge, MA: Harvard University Press, 1982.

Glennon, J. *Your Healing is Within You*. London: Hodder & Stoughton, 1978.

Gray, John. *Men are from Mars, Women are from Venus: A Practical Guide for Improving Communication and Getting What You Want in Your Relationships*. New York: HarperCollins, 1992.（中譯本：《男女大不同：男人與女人增進溝通建立良好關係的實用方針》。蘇晴譯。台北：生命潛能，1994。）

Greenberg, J. S. *Comprehensive Stress Management*. Boston: WCB/McGraw-Hill, 1999.（中譯本：《壓力管理》。潘正德譯。台北：心理，1995。）

Greenberg, L. S. *Emotion-focused Therapy: Coaching Clients to Work through Their Feelings*. Washington, DC: American Psychological Association, 2002.

Hampsch, J.H. *Healing Your Family Tree*. 2nd edition. Huntington, IN: Our Sunday Visitor, 1989.

Kast, Verena. *Joy, Inspiration, and Hope*. New York: Fromm International Publishing Cooperation, 1991.

Linn, M. and Linn, D. *Healing of Memories*. New York: Paulist, 1974.（中譯本：《記憶治療：心靈治療的禱告》。方林偉譯。香港：基道，1998。）

_____. *Healing Life's Hurts & Healing Memories Through Five Stages of Forgiveness*. New York: Paulist, 1991.（中譯本：《治癒生命中的創傷》。田毓英譯。台北：上智，1995。）

_____. *Healing the Eight Stages of Life*. New York: Paulist, 1988.（中譯本：《心靈治癒——生命的八個階段》。易利利譯。台北：上智，1996。）

_____. *Praying with Another For Healing*. New York: Paulist, 1984.

Linn, M., Linn, D., and Fabricant, S. *Healing the Greatest Hurt*. New York: Paulist, 1985.（中譯本：《心靈的奧祕與治療》。易玲玲譯。台北：上智，2000。）

Mcall, K. *Healing The Family Tree*. London: Sheldon, 1984.

McGoldrick, Monica, and Gerson, Randy. *Genograms in Family Assessment*. New York: Norton, 1985.

Merton, Thomas. *New Seeds of Contemplation*. New York: New Direction, 1961.

_____. *Spiritual Direction and Meditation*. Collegeville, MN: Liturgical Press, 1960.

Mohline, Dick and Mohline Jane. *Emotional Wholeness: Connecting with the Emotion of Jesus*. Shippensburg, PA: Treasure House, 1997.

Nelson, James B. "Male Sexuality and Masculine Spirituality." *SIECUS* Report 13（March 1985）: 1~4.

Payne, L. *The Healing Presence: How God's Grace Can Work in You to Bring Healing in Your Broken Places and the Joy of Living in His Love*. Westchester, IL: Crossway, 1989.

_____. *Restoring the Christian Soul Through Healing Prayer: Overcoming the Three Great Barriers to Personal and Spiritual Completion in Christ*. Wheaton, IL: Crossway, 1991.

_____. *Restoring the Christian Soul: Overcoming Barriers to Completion in Christ through Healing Prayer*. MI: Baker Books, 1991.

Powell, John Joseph. *Happiness is an Inside Job*. Valencia, CA: Tabor Publishing, 1989.

Seamands, D. A. *Healing of Memories*. Wheaton, IL: Victor Books, 1985.

_____. *Healing for Damaged Emotions*. Wheaton, IL: Victor Books, 1981.

_____. *Healing for Damaged Emotions*. New York: Phoenix, 1987.

_____. *Healing Grace*. Wheaton, IL: Victor Books, 1991.

Scott, D. H. "Follow-up Study from Birth of the Effects of Prenatal Stresses." *Developmental Medicine and Child Neurology*, 15（1973）: 770~787.

Smith, Gordon. *Listening to God in Time of Choices*. Downers Grove, IL: InterVarsity Press, 1997.

Teresa of Avila. "The Interior Castle." In *Collected Works of St. Teresa of Avila*, vol. 2, trans. Kieran Kavanaugh and Otilio Rodwiguez. Washington, DC: Institute of Carmelite Studies Publications, 1980, 291~292.

Tozer, Aiden W. "How the Lord Leads." *The Alliance Weekly*, 92 (Jan 1952): 2.6.

Trobisch, Walter. *Love Yourself and Love is a Feeling to be Learned*. Bolivar, MO: Quiet Waters, 2001.

Turner, E.K. "The Syndrome in the Infant Resulting from Maternal Emotional Tension During Pregnancy." *Medical Journal of Australia* (Feb 1956): 221~222.

Wat, Benjamin Wai-ho. "Early Attachment Experiences and Subsequent Marital Interaction among Overseas Born Chinese Couples." Ph.D. Thesis, Fuller Theological Seminary, 1994.

Wicks, Robert J. et al. eds. *Clinical Handbook of Pastoral Counseling*. New York: Paulist, 1985.

Wimber, J. and Springer, Kevin. *Power Healing*. San Francisco, CA: Harper & Row, 1987.

Worthington, Jr. Everett L. ed. *Dimensions of Forgiveness: Psychological Research and Theological Perspectives*. Philadelphia, PA: Templeton Foundation Press, 1998.

大衛・貝納：《天父給我的禮物》。霍玉萍譯。香港：證主，2005。

大衛・奧斯堡格：《在愛裡説實話——如何瞭解並表達你最真實的感受》。道聲編譯小組譯。香港：道聲，1999。

包約翰：《為甚麼我不敢告訴你我是誰？》。崔菱譯。台北：道聲，1975。

亨利・克勞德、約翰・湯森德：《過猶不及——如何建立你的心理界線》。蔡岱安譯。加州, CA：台福傳播中心，2001。

宣信：《神醫的福音》。修訂版。陸忠信譯。香港：宣道，1997。

夏雅博：《解開情緒之謎》。曾彩霞譯。香港：浸信會，2002。

莉安・佩恩：《破碎形象：同性戀的醫治與個人整全》。詹維明譯。香港：突破，1996。

黃成志、王淑芬：《幼兒的發展與輔導》。臺北：揚智文化，1995；重印版 1999。

楊慶球：《靈風起舞：聖靈教義與靈恩現象剖析》。香港：宣道，2007。

楊慶球：〈從神學反思心靈醫治的關注及規範〉（拉法基金會主辦之整全心靈醫治年會 2010 主題講座，基督教會活石堂〔九龍堂〕，2010 年11 月8 日）。

禧福協會：「新造的你」教材。

蕭宏展：《躍出深淵——抑鬱症的成因與治療》。香港：突破，2000。

羅哲・貝克：《不再驚恐——認識驚恐症的成因及防治方法》。己默譯。香港：突破，2004。